초등 상위 1%는 이렇게 책을 읽습니다

일러두기

- 이 책에 수록된 자료는 다음과 같은 원칙에 따라 표기했습니다. 단행본 수록작은 〈 〉, 단행본은 《 》, 시리즈와 전집은 [ ] 기호를 사용해 구분했으며, 단행본은 제목/작가/출판사, 시리즈와 전집은 제목/권수/출판사 정보를 적었습니다.

- 이 책에 수록된 시리즈와 전집 중 일부는 완간되지 않고 여전히 출간 중인 것도 있습니다. 이런 경우에는 2025년 11월 1일을 기준으로 정보를 적었습니다.

초등 교과서부터 ──── 수능 문제까지
관통하는 성적 추월 독서법

최지아 지음

초등 상위 1%는
이렇게 책을 읽습니다

whale books

프롤로그

책을 많이 읽는데
실력은 그대로라 고민이라면

"초등 상위 1%는 이렇게 책을 읽습니다."

수많은 부모가 눈을 반짝이며 이 문장에 시선을 멈추겠지요. 그런데 대치동 국어 강사의 초등 독서 로드맵은 완벽할까요? 절대 그렇지 않습니다. 대치동 한복판에서 현실을 마주하고 있는 저 역시 불안하기는 마찬가지입니다. 종종 눈이 시뻘게지도록 검색하고 메모하다가 뜨는 해를 맞이합니다. 누군가의 경험이 내 아이에게 꼭 맞는 답일 수 없다는 사실을 너무 잘 알기 때문이에요. 차라리 그 시간에 잠이나 푹 자고, 아이에게 한 번이라도 더 다정하게 웃어줄걸 싶습니다. 결국에 아이는 부모가 자신을 위해 그러모은 교육 정보보다는 평상시 부모의 표정과 목소리, 그리고 눈빛을 더 오래 기억할 테니까요. 사실 돌이켜 보면 아이를 키우는 하루하루는 실패와 좌절의 기록이 아니라 부모로서의 자랑스러운 훈련 일지였습니다. 누군가가 알아낸 정답을 좇다가, 결국엔 나만의 방식으로 돌아오는 과정이었지요. 아이는 제가 헤매는 그 시간에도 자라고 있었고, 부모인 저는 시행착오를 겪으며 조금씩 '기다림'을 배워가고 있었습니다.

우리는 종종 시행착오를 두려워합니다. '이 길이 맞을까?', '이 방법이 옳을까?' 하고 걱정하지요. 엄마(아빠)는 아이를 위해 완벽한 길을 찾으려고 애쓰지만, 뜻대로 되지 않습니다. 아이의 성장은 부모의 계획보다 느리기도 하고 예상치 못한 곳을 향하기도 합니다. 그러나 불안해하지 않아도 됩니다. 우리가 간과하고 있는 것, 아이의 성장은 부모의 예측보다 깊다는 사실입니다. 언뜻 빙빙 돌아가는 것처럼 보여도 아이는 그 길 위에서 배우고 있습니다. 그러니 아이의 속도에 맞춰 걸으며, 그 길 위에서 당신이 아이의 눈빛을 먼저 믿어주길 바랍니다. 그것이 우리가 부모로서의 시행착오를 줄이는 방법이기도 합니다. 그 길 위에서 아이는 자라고, 부모는 배움의 진짜 의미를 발견하게 될 테니까요. 시행착오는 실패가 아니라 과정입니다. 그 과정을 온전히 받아들일 때 비로소 진짜 성장이 시작됩니다.

제가 두 아이를 키우고, 또 수많은 학생을 가르치면서 깨달은 단 하나의 진실은 이것입니다.

아이마다 다르다.

가정에서 책을 읽을 때 어떤 아이는 책장을 넘기며 끊임없이 질문을 던집니다. 호기심이 많아 대화가 길어지고 엄마(아빠)도 안심할 수 있지요. 그런데 다른 아이는 재미있었는지 아무리 물어도 고개만 끄덕일 뿐입니다. 아이가 책을 이해했는지 알 수 없는 엄마(아빠)는 불안합니다. 하지만 이 아이는 책 속 문장을 일기장에 그대로 옮겨 적어둡니다. 이렇게 말로 풀어내는 아이와 조용히 생각을 곱씹는 아이, 둘 다 성장하고 있습니다. 아이가 자신만의 방식으로 성장하고 있다는 사실을 엄마(아빠)는 반드시 알아줘야 합니다.

학원에서도 아이들의 차이는 뚜렷합니다. 어떤 아이는 문제를 풀며 "선생님, 답이 이거죠?"를 반복합니다. 반면에 다른 아이는 "이 부분은 다른 뜻일 수도 있지 않아요?"라고 질문을 남깁니다. 정답을 먼저 찾으려는 아이와 생각을 더 이어가려는 아이. 누가 더 잘하고 있는 걸까요? 둘 다 잘하고 있습니다. 배움의 결이 다르다는 사실을 인정하고 아이의 성향에 맞춰 지도하는 유연함이 필요할 뿐이에요. 아이들은 모두 다르며, 우리가 아이들의 고유성을 인정할 때 비로소 성장의 방향이 보입니다. 즉, 모든 아이에게 통하는 '정답'은 세상 어디에도 없습니다. 그렇기에 책의 본문을 시작하기도 전에 고백합니다. 이 책은 당신의 자녀에게 꼭 맞는 로드맵이 될 수 없습니다. 그럼에도 불구하고 저는 이 책을 여러분에게 건네려고 합니다. 독서와 학습의 효율을 높이는 공통된 진실은 존재하기 때문이에요. 그 진실이 아이와 부모가 너무 멀리 돌아가지 않도록 길의 올바른 방향을 알려주리라 믿습니다.

하지만 방향을 안다는 것이 모든 문제가 단번에 풀린다는 뜻은 아닙니다. 특히 '독서'는 그 방향을 잡는 데 도움이 되지만, 그 자체로 해답이 되지는 않습니다. 많은 부모가 '책을 많이 읽으면 언어력이 좋아지고 사고력도 자라겠지'라고 생각합니다. 때로는 막연한 기대가 방향을 흐리기도 합니다. 책은 분명 아이의 성장에 좋은 도구입니다. 하지만 도구는 목적에 맞게 사용해야 제대로 된 힘을 발휘합니다. '왜 읽는가'를 모른 채 읽기만 반복하면 책이 아이를 바꾸는 것이 아니라 그저 '책을 많이 읽는 아이'가 되는 데 그칠 수 있습니다. 저는 현장에서 그런 아이들을 수없이 봤습니다.

책을 많이 읽는데, 글은 쓰지 못하는 아이.
줄거리는 기억하지만, 생각은 말하지 못하는 아이.
문장만 화려할 뿐, 중심이 흔들리는 아이.

책을 읽는다는 행위가 곧 성장으로 이어지지 않기 때문입니다. 독서는 방향이 분명해야 합니다. 감정의 성장을 위한 독서, 지식의 확장을 위한 독서, 사고의 훈련을 위한 독서. 그 목적에 따라 접근 방법은 달라져야 합니다. 그렇지 않으면 '책을 많이 읽는데, 왜 실력은 그대로일까?'라는 의문만 반복될 뿐입니다. 저는 그 막연한 기대를 명확한 목표로 바꾸기 위해 이 책을 썼습니다. '무엇을 위해 읽을 것인가', '어떻게 연결할 것인가'를 함께 고민하며 독서로 아이의 삶과 학습으로 이어주는 구체적인 길을 제시하려고 합니다. 독서는 만능열쇠가 아닙니다. 가고자 하는 방향에 맞춰 책을 읽을 때, 비로소 책은 아이의 세상을 여는 만능열쇠가 됩니다. 이제부터 저는 그 방향을 안내하려고 합니다. 자, 함께 떠나 보실까요?

차례

프롤로그 책을 많이 읽는데 실력은 그대로라 고민이라면 ········· ● 5

1장
독서와 학습은 다르다

01 독서가 학습으로 이어지려면 ········· ● 17

02 아이의 삶을 깊이 있게 만드는 독서
왜 부모는 아이에게 독서를 권해야 할까? ········· ● 25
왜 초등 시기에 독서 습관을 형성해야 할까? ········· ● 27

03 아이의 학습을 효율적으로 이끄는 독서
초등 부모가 수능 국어를 알아야 하는 이유 ········· ● 29
초등 시기부터 할 수 있는 수능 준비 ········· ● 32
중등 시기부터 해도 괜찮은 수능 준비 ········· ● 44

04 독서를 하면 학습이 쉬워지는 이유 ········· ● 52

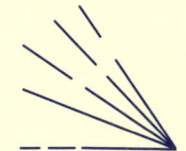 **2장**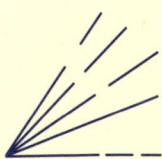
주 6시간으로 끝내는
초등 학년별 독서 실천법

00 초등 학년별 독서 목표 살펴보기

1주 6시간으로 완성하는 독서와 국어 ·· ● 59
학년별 목표와 실천: 취미 독서, 학습 독서, 국어 학습의 황금비 ········ ● 61
학년별 추천 도서 한눈에 보기 ·· ● 68

01 초등 1~2학년:
취미 독서 5시간+국어 학습 1시간

주력 목표: 읽기 독립과 글밥 늘리기 ·· ● 73
실천법: 낭독 훈련에서 어휘 정리까지 ······································ ● 81
추천 도서: 전래 동화와 학교생활 동화 ····································· ● 116
아이의 취향에 맞춰 책을 검색하는 방법 ··································· ● 124

02 초등 3~4학년:
취미 독서 4시간+학습 독서 1시간+국어 학습 1시간

- **주력 목표:** 독서 습관 붙잡기, 징검다리 독서, 취미 독서와 학습 독서의 구분 ⋯⋯● 126
- **실천법:** 긍정적 독서 정서의 형성부터 독서록 쓰기까지 ⋯⋯⋯⋯⋯⋯⋯● 141
- 독서로큘을 활용하는 방법 ⋯⋯⋯⋯⋯⋯⋯⋯⋯⋯⋯⋯⋯⋯⋯⋯⋯⋯⋯● 172
- **추천 도서:** 세계 명작, 인물 동화, 사회·과학 동화 ⋯⋯⋯⋯⋯⋯⋯⋯⋯● 174

03 초등 5~6학년:
취미 독서 3시간+학습 독서 1시간+국어 학습 2시간

- **주력 목표:** 독서 습관 지키기와 독서력 늘리기 ⋯⋯⋯⋯⋯⋯⋯⋯⋯⋯● 184
- **실천법:** 취향 존중부터 독해집 활용까지 ⋯⋯⋯⋯⋯⋯⋯⋯⋯⋯⋯⋯⋯● 186
- **추천 도서:** 사춘기 도서, 성장 소설, 고전 소설, 사회·과학책 ⋯⋯⋯⋯● 204

04 예비 중학생(6학년 최상위권):
취미 독서 3시간+학습 독서 1시간+국어 학습 2시간

- **주력 목표:** 성인 수준의 독서력 확보 ⋯⋯⋯⋯⋯⋯⋯⋯⋯⋯⋯⋯⋯⋯● 218
- **실천법:** 아이의 심리 자극부터 국어 문법 학습까지 ⋯⋯⋯⋯⋯⋯⋯● 220
- **추천 도서:** 청소년 도서, 문학 벽돌책, 일반 도서, 교과서 수록 단편 소설 ⋯⋯● 228

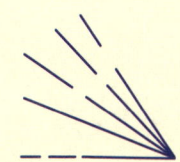 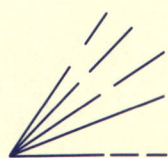

3장
아이를 상위 1%로 이끄는 실천력 향상법

01 책과 친해지는 독서 환경 만들기

독서 정서: 진짜 독서는 감정에서 시작된다 ●239
부정적 독서 정서: 아이가 책과 멀어지는 이유 ●240
긍정적 독서 정서: 아이가 책과 친구가 되는 순간 ●244
접근성 높이기: 아이가 책과 가까워지게 되는 8가지 방법 ●248

02 대치동 한복판에서 배운 것들

대치동 아이들이 특별한 이유는 따로 있다 ●259
결국 '잘하는 아이'를 만드는 대치동 부모의 6가지 태도 ●262

1장

독서와 학습은 다르다

1장

독서와 학습은 다르다

01
독서가 학습으로 이어지려면

"그동안 우리 아이는 책을 쌓아두고 읽었어요. 제가 사다 주는 대로, 또 빌려주는 대로 가리지 않고 잘 읽었거든요. 그런데 성적이 왜 이렇죠?"

학원에서 상담하다 보면 부모님들에게 자주 듣는 이야기다. '분명 나름의 노력을 기울여 아이에게 책을 많이 읽혔는데, 왜 성적으로 이어지지 않을까?'라는 의문이 쌓이면 부모는 자연스럽게 책 읽기에서 학습 위주로 방향을 바꾼다. '책만 읽혀서는 불안하다', '이제는 문제집을 풀려야겠다' 등의 생각으로 독서에서 멀어지는 것이다.

많은 부모는 아이가 책을 많이 읽으면 국어 성적도 잘 나올 거라 기대한다. 하지만 현실은 생각보다 자주 그 기대를 배신한다.

책을 곧잘 읽는 아이가 서술형 문장을 어색하게 쓰고, 글의 핵심을 정리하지 못해 시험 문제를 틀리는 일이 흔하다. 이유는 명확하다. 독서와 학습은 다르기 때문이다. 독서는 감정을 키우고 생각을 확장하는 활동인 데 반해, 학습은 그 생각을 구조화하고 표현하며 문제에 적용하는 훈련이다. 무작정 읽는 양이 많다고 해서 생각을 정리하는 능력이 저절로 생기지는 않는다. 특히 국어 학습은 정보를 선별하고 비교하며 글의 흐름을 이해하는 훈련이 필요하다. 이런 훈련은 단순히 책을 읽기만 해서는 이뤄지지 않는다.

독서가 국어 실력으로 이어지지 않는 사례는 5가지로 정리할 수 있다. **첫 번째는 책을 읽은 시기가 유아기·저학년에 국한되는 경우다.** 많은 부모가 "우리 아이는 하루에 책을 10권씩 읽었어요"라고 말하지만, 실제로는 유아기나 저학년 때 잠깐 독서에 몰입했을 뿐, 지금은 책과 멀어진 경우가 대부분이다. 정작 3학년 이후에는 거의 읽지 않았으며, 고학년이 되어서는 긴 글을 한번에 읽어내는 것조차 버거워하는 모습을 보이기도 한다. 저학년과 고학년 사이의 격차를 메워줄 읽기 능력을 키우지 못했기 때문이다. 유아기·저학년의 독서는 대부분 기초 어휘나 단순 문장 수준인데, 고학년의 독서는 문장 간 관계 파악, 중심 내용 추론, 비판적 사고 같은 복잡한 읽기 능력이 필요하다. 이러한 능력은 저절로 생기지 않는다. 아이가 성장함에 따라 읽기 난도를 높여가는 과정이 꼭 필요하다. 특히 60쪽 문고판에서 100쪽, 150쪽 이상의 책으로 넘어가는 3~4학년 때 독서 습관이 흔들리는 경우가 많다. 이 시기부터 학습 일정이 빡빡해져 일상에서 독서의 우선순위가 점점 뒤로 밀리기 때문이다. 이때쯤 부모는 불안을 해소하려는 목적으로 독서 사교육을 시작하지만, 이마저도 꾸준히 이어가지 못하는 경우가 많다. 퇴원 상담을 하며 자주 듣는 말이 있다.

"물론 국어가 중요한 건 알죠. 그런데 일정이 너무 빡빡하니 뭔가 하나는 정리해야겠는데, 수학을 그만둘 수는 없잖아요. 저도 너무 아쉬워요."

독서와 국어 학습의 연결고리가 완전히 끊기는 일은 특히 5~6학년 때 집중적으로 일어난다. 선행 학습을 잘 따라가는 우수한 아이일수록 이러한 문제는 더욱 심각하다. 과목별로 각각 공부 부담이 쌓이면서 독서와 국어의 균형을 되짚어볼 기회조차 놓쳐버린다. 많은 수의 아이들이 중학생이 된 후에야 다시 국어 학원을 찾는데, 중등 국어 학원은 독서보다는 국어 학습에 무게를 둔다. 가장 독서에 힘써야 하는 시기에 오히려 독서를 놓치게 되는 아이러니한 상황이 벌어지는 것이다. 그래서 유아기 독서 경험에 안심하지 말고 꾸준하게 독서를 이어가는 일이 무엇보다 중요하다.

두 번째는 속독 습관으로 의미를 놓쳐버린 경우다. 분명 책을 읽긴 읽었는데, 몇 달이 지나면 내용이 거의 기억나지 않을 때가 있다. 이는 책의 구조를 사고하여 자신의 언어로 정리하지 않은 채 읽었기 때문이다. 마음에 드는 문장을 필사하거나, 책에 대해 누군가와 이야기를 나누거나, 짧게라도 감상을 쓰면, 책의 내용이 기억에 오래 남는다. 생각 없이 눈으로만 훑는 독서와 사고를 동반한 독서는 분명히 다르다. 특히 많이 읽는 아이일수록 훑어 읽는 습관이 자리 잡기 쉽다. 이는 부모가 '책을 많이 읽는다'라는 양적인 성과에만 주목하는 바람에 아이의 읽기 태도가 점점 '속도 중심'으로 바뀌어서다. 생활 동화 수준의 책은 결말을 궁금해하며 빠르게 읽을 수 있어 아이가 성취감을 느끼기도 한다. 물론 이런 경험이 쌓이면 책에 대한 긍정적인 감정을 형성하는 데는 도움이 된다. 하지만 이야기의 흐름만 좇으며 의미나 감정, 사고를 놓치는 독서로 굳어질 수도 있다. 여기서 중요한 건 줄거리를 빠르게 따라가기보다 그 안에서 의미를 찾아내는 경험이다. 책을 읽은 뒤 "왜 그랬을까?", "내가 주인공이라면 어떻게 했을까?", "가장 재미있었던 장면과 그 이유는 뭘까?"와 같은 질문을 통해 생각을 정리하게 도와야 한다. 속도에 안심하지 말고 양에 만족하지 말자. 양이 질로 전환되는 순간은 분명 존재하지만, 방법이 잘못되면 아무리 많이 읽어도 그 효과는 미미하다.

  속독으로 아이가 책의 의미를 놓치고 있는지 확인하기 어려운 이유는 겉으로 보기엔 어휘력이 꽤 그럴싸하기 때문이다. 예를 들어 2학년 아이가 '대류 현상', '상승 기류' 같은 과학 용어로 날씨를 설명하거나, '명예 훼손죄', '허위 사실 유포죄' 같은 단어를 친구들과의 말다툼에 사용하기도 한다. 이처럼 책에서 배운 단어를 적절한 상황에 적용하면 부모는 아이가 책을 깊이 있게 읽는다고 착각할 수 있다. 하지만 겉으로는 어휘력이 좋아 보이더라도 문장 사이의 관계나 글 전체의 구조를 이해하지 못할 수 있다. 진짜 독서력을 키우는 건 하나의 이야기에 몰입하여 인물의 감정, 사건의 전개, 의미의 흐름을 온전히 따라가본 경험이다.

세 번째는 읽은 책이 아이의 사고 수준을 자극하지 못한 경우다. 사고를 확장하려면 책이 너무 쉬워도, 너무 어려워도 안 된다. 지나치게 쉬운 책만 반복해서 읽으면 아이는 생각할 여지가 없다. 반대로 너무 어려운 책을 허세로 읽으면 내용의 흐름을 이해하지 못한 채 표면적인 어휘나 줄거리만 기억한다. 읽는 책의 종류 역시 독서력에 큰 영향을 미친다. 예를 들어 학습 만화는 정보를 전달하는 데는 유용하지만, 생각을 확장하거나 사고를 구조화하는 데는 한계가 있다. 국어 교육자로서도 엄마로서도 "수학 도둑을 읽었더니 수학은 사라지고 도둑만 남았다"라는 농담에 전적으로 공감한다. 학습 만화는 독서 습관 형성을 위한 도구로 활용할 수는 있어도, 그 자체만으로 독서력이 길러질 것이라 기대하면 안 된다. 독서가 국어 실력으로 이어지려면 아이가 책을 읽으며 사고 과정을 경험해야 한다. 줄거리만 훑거나, 결론만 따지거나, 특정 인물이나 장면에만 몰입하는 독서는 내용 전체를 통합적으로 이해하는 데 방해가 된다. 책을 읽으며 '왜 그랬을까?', '이다음엔 어떻게 될까?', '나였다면 어땠을까?'와 같은 질문을 품는 일은 단순히 내용을 따라가는 것을 넘어 이야기를 주체적으로 사고하는 과정이다. 인물의 선택을 비판적으로 바라보고 다음 전개를 예측하며 읽으면서 생각이 점점 깊어진다. 부모는 아이가 '책을 읽었다'라는 사실보다는 '책을 읽으며 주체적으로 생각했는가'를 반드시 살펴야 한다.

네 번째는 책만 읽고 문제 해결이나 표현 활동으로 확장하지 않은 경우다. 읽기와 사고는 그것을 표현함으로써 완성된다. 책에 대해 누군가와 이야기하거나 글로 정리해본 경험이 없다면 문제를 해결하거나 의견을 표현하는 능력이 약할 수밖에 없다. 예를 들어 아이가 책을 읽고 나서 단순히 "재미있었어"라는 말만 반복하거나, 줄거리의 앞부분은 자세히 말하지만 결말을 명확하게 설명하지 못한다면, 책 내용을 전체적으로 정리하고 표현하는 훈련이 필요하다는 신호다. 읽은 내용을 말로 요약하고, 느낀 점을 글로 써보는 경험은 사고를 구체화하고 구조화하는 역할을 한다. 아이에게는 어릴 때부터 읽기에서 사고로, 사고에서 표현으로 확장되는 독서 구조가 필요하다.

마지막으로 다섯 번째는 책만 읽고 국어 학습은 하지 않은 경우다. 시험에서 높은 성적을 받으려면 논리적 판단과 문제 해결 능력이 필요하다. 지문을 읽어 정답을 추론하고, 선택지를 비교하며 근거를 찾는 연습 없이 그저 독서량에만 의존한 경우라면, 시험 성적이 낮게 나오는 건 어쩌면 당연한 결과다. 예를 들어 지문을 읽고 '적절하지 않은 것'을 고르라는 문제를 자주 틀리는 아이는 글을 이해하는 능력만 있을 뿐, 시험의 출제 방식과 사고의 흐름을 따라가는 훈련이 부족한 것이다. 학습은 기술이다. 글을 읽는 힘을 바탕으로 논리적 판단과 문제 해결 능력을 키우기 위한 연습이 필요하다. 읽은 내용을 정답으로 연결하는 훈련이 없다면 국어 시험이라는 '형식'을 절대 뚫고 나갈 수 없다.

하지만 이 지점에서 '이제 책은 그만 읽고 학습하자'라는 방향으로 나아가는 건 또 다른 실수다. 독서는 학습이 시작되면서 버려야 할 활동이 아니다. 아이가 국어 실력을 기르는 가장 확실한 방법은 여전히 책이다. 높은 성적으로 학원에 입학하는 아이 대부분은 독서로 실력을 쌓았다. 독서에 국어 학습이 더해진 사례는 있어도, 국어 학습, 특히 문제 풀이만 해서 좋은 성과를 낸 경우는 거의 없다. 독서가 문해력의 뿌리이자 기반이기 때문이다.

고학년은 비문학 지문을 접하고 문제를 푸는 연습을 통해 학습 속도를 높일 수 있다. 그러나 이 모든 훈련이 효과를 발휘하려면 먼저 책을 읽고 생각하는 힘이 있어야 한다. 빠르면 초등 5~6학년, 일반적으로는 중학생이 되어야 비로소 성인 수준의 문해력에 가까워진다. 이때부터는 아이가 본격적으로 사고력과 언어 능력을 발휘할 수 있는 시기이므로 읽기를 통해 생각을 깊게 하고, 그 생각을 학습으로 이어가는 힘을 길러야 한다.

이처럼 그저 책을 많이 읽는다고 해서 저절로 국어 성적이 오르지는 않는다. 독서는 생각을 여는 활동이고, 학습은 그 생각을 정돈하고 표현하는 훈련이다. 2가지는 같은 출발선에서 시작되지만, 목적과 방법이 분명히 다르다. 그렇기에 부모는 아이의 독서와 학습을 구분해 바라보고, 독서와 학습이 각각 사고와 표현, 문제 해결로 자연스럽게 이어지도록 도와야 한다. 지금 아이가 책을 읽고 있다면 그 자체만으로도 이미 훌륭한 시작이다. 이제 그 읽기가 '생각'으로, 그리고 '표현'과 '문제 해결'로 이어지도록 돕는 일만 남았다.

02
아이의 삶을 깊이 있게 만드는 독서

왜 부모는 아이에게 독서를 권해야 할까?

독서는 무엇을 위해 하는 것일까? 단지 시험을 잘 보기 위해, 좋은 대학을 가기 위해 책을 읽는다면 그 힘은 결코 오래가지 못한다. 독서 교육의 궁극적인 목표는 아이가 '평생 독자'로 성장하는 것이다. 책을 가까이하는 삶은 아이에게 깊고 넓은 내면을 선물한다. 무엇보다 독서는 감정의 언어를 깨우는 행위다. 아이는 이야기를 따라가며 등장인물의 기쁨과 슬픔, 두려움과 용기를 함께 느끼고, 스스로 표현하기 어려웠던 감정을 간접적으로 경험한다. "이럴 땐 이렇게 말하면 되는구나", "이 감정이 슬픔이었구나" 하고 깨닫는 순간들이 켜켜이 쌓여 감수성과 공감력이 자라난다.

　책은 아이의 사고도 자극한다. 낯선 문화, 익숙한 전개, 쉽게 이해되지 않는 인물의 선택을 마주하며 아이는 질문을 품는다. "왜 저런 선택을 했을까?", "나라면 어떻게 했을까?"라는 질문을 통해 아이는 깊이 사고하며 자기 생각을 정리하는 법을 배운다.

　책은 앞으로의 삶에서 겪게 될 문제와 해결 방법을 제시할 뿐만 아니라, 때로는 위로가 되기도 한다. 고민이 생기면 비슷한 상황의 책 속 인물에게서 해답을 찾아보고, 슬플 때는 책을 읽으며 마음을 다독인다. 책은 현실이 버거울 때마다 한 발자국 벗어날 수 있는 도피처다. 목적 없이 책장을 넘기고 흥미 있는 주제를 찾아 몰입하며 스스로 삶을 채우도록 돕는다.

　부모가 궁극적으로 바라는 아이의 모습은 평생 독자로 살아가는 사람이다. 성인이 된 어느 날, 서점에서 기꺼이 책을 집어 들고 읽는 사람, 슬플 때면 책을 꺼내고 기쁠 때도 책 속 문장을 나누는 사람, 책을 통해 자신을 정비하고 세상을 이해하며 끝없이 성장할 수 있는 사람… 바로 부모가 공부에 앞서 아이에게 책을 쥐여 주고 독서를 권해야 하는 가장 큰 이유다.

왜 초등 시기에
독서 습관을 형성해야 할까?

아이가 자라면서 부모의 품을 벗어나듯, 아이의 독서도 어느 순간 부모의 손에서 벗어난다. 유아기에 독서 습관을 제법 잘 길러온 아이도 스마트폰을 손에 쥐는 순간부터 자연스레 책과 멀어진다. 초등 고학년이 되면 아이의 눈빛이 달라졌다는 하소연이 여기저기서 들리고, 아이가 방문을 닫고 들어가서 나오지 않는다며 한숨을 쉰다. 사춘기 아이의 일상에 부모가 개입하는 것은 점점 어려워진다. 중고등학생이 되면 학업 부담과 또래 관계, 또 자신의 세계에 집중해야 한다. 이렇게 아이는 시기마다 다양한 이유로 책에서 멀어진다.

하지만 초등 시절에 꾸준히 쌓아온 독서 습관만큼은 쉽게 사라지지 않는다. 독서가 단지 지식 축적의 수단이 아니라 삶에 녹아든 일상이기 때문이다. 한동안 책을 내려놓더라도, 감정이 흔들리는 어느 날 문득 다시 책을 찾게 만드는 것이 바로 체화된 독서 습관의 힘이다. 예를 들어 진로를 고민하던 중학생이 우연히 어릴 적 좋아했던 인물의 전기를 다시 꺼내 들거나, 친구 관계로 속상해하던 아이가 청소년 소설 속 인물의 감정에 이입해 위로받기도 한다. 이런 일은 단순한 우연이 아니다. 어릴 적 책을 통해 마음을 다독이고 생각을 키워본 경험이 있었기에 가능한 일이다.

이처럼 초등 시절에 체화된 독서 습관은 감정과 사고가 깊어지는 청소년기에 삶의 나침반이 된다.

그렇기에 사춘기 시작 전인 초등 3~4학년까지는 반드시 독서 습관을 형성해야 한다. 물론 늦었다고 해서 포기할 필요는 없다. 독서 습관은 어느 시기든 새롭게 형성할 수 있다. 다만 자발적 독서로 이어지기까지 시간이 더 오래 걸리고 과정도 더디기에 이 시점을 강조하는 것이다. 집에서 자발적 독서가 어렵다면 사교육의 힘을 빌려도 좋다. 아이가 스스로 책에 흥미를 느끼고 독서의 폭을 넓혀간다면 가장 이상적이겠지만, 그런 아이는 별로 없다. 이럴수록 부모가 해줄 수 있는 가장 현실적인 지원은 '아이 스스로 읽을 수 있을 때까지' 독서 습관을 끈기 있게 만들어주는 것이다. 속도나 방식이 아니라 책을 '계속해서 읽는 것' 자체가 중요하다. 학원의 도움을 받아 매주 1권을 '꾸역꾸역' 읽어도 1년이면 50권이다. 절대로 적은 양이 아니다. 독서 습관은 빠르게 만들어지지 않지만, 한번 자리를 잡으면 어떤 노력보다 강력한 힘이 된다. 이런 꾸준함이야말로 아이의 삶을 길게 지탱해줄 정서적·지적 자양분이다. 그리고 지금 부모가 아이에게 건네는 책 1권, 아이와 함께 나누는 이야기 한 토막은 아이의 내면 어딘가에 남아 분명히 다시 책으로 이끌어주리라 믿는다. 따라서 바로 지금, 초등 시기에는 '독서 습관'을 형성하는 데 집중해야 한다.

03
아이의 학습을 효율적으로 이끄는 독서

초등 부모가 수능 국어를 알아야 하는 이유

초등 시기부터 부모가 아이의 독서 교육을 하는 마음에는 독서를 통한 문해력 향상과 더불어 결국 수능 국어에서 좋은 성적을 바라는 조급한 기대가 담겨 있다. 국어에 아주 큰 힘을 쏟는 대신 독서로 해결하고 싶다는 것이다. 정말 국어만큼은 그저 독서를 즐겁게 하는 것만으로도 학업에서 원하는 성취를 얻을 수 있을까? 이 기대가 실현 가능한지 확인하려면 먼저 수능 국어를 알아야 한다. 과연 수능에서 요구하는 문해력이란 무엇이며, 이 능력을 키우기 위해서는 어떤 노력이 필요할까? 그리고 초등학생이 할 수 있는 수능 준비란 무엇일까? 조금 이르다는 생각이

들더라도 초등에서 수능까지 가는 길을 알면 사교육 시장의 불안 마케팅에 휘둘리지 않을 수 있다.

우리 아이에게 가장 적합한 학습 속도와 그 방법을 찾아야 한다. 그래야 우리 아이 맞춤형 학습 로드맵을 완성할 수 있다. 아이의 성장은 일정한 수치로 정의되지 않는다. 보건복지부가 제시한 표준 키와 몸무게를 자로 잰 듯 정확히 지키면서 크는 아이는 많지 않다. 표준은 '어디쯤 와 있는지'를 판단하는 기준이 된다. 학습도 마찬가지다. 이 책에서 제시하는 표준 역시 절대적인 목표가 아니라 참고할 수 있는 기준이다. 현명한 부모라면 아이를 억지로 표준에 끼워 맞추려 하지 않을 것이다. 아이의 현재 위치와 속도에 맞게 학습 목표를 상향 또는 하향 조정해야 한다. 그렇게 조정된 계획이 바로 우리 아이에게 꼭 맞는 학습 로드맵이다.

무엇이든 늦은 시작은 없다. 지금부터 단계적으로 하나씩 성취해나간다면 방향을 잃고 헤매지 않을 수 있다. 혹시 이 책에서 제시하는 속도가 빠르게 느껴지더라도 조급해하지 않기를 바란다. 지금 아이에게 가장 필요한 것은 오늘보다 내일 더 잘할 수 있다는 자신감이다. 아이의 성장에는 저마다의 속도가 있으며, 중요한 건 그에 맞춰 꾸준히 나아가는 것이다.

[초등학교부터 수능까지 국어 학습 연계표]

학습 단계	읽기	문학	말하기·듣기	쓰기	문법	기타
초등학교	읽기 유창성, 독서 습관	동시, 동화, 생활글 등	말하기·듣기 통합 교육	일기, 독서록	기본 개념 간접 노출	동영상 등 활동
중학교	비문학 글 요약·정보 파악·추론	현대 시·소설, 수필 등	의사소통 전략 학습	수행 평가 글쓰기	문법	매체 활용 글쓰기
고등학교	독서 (인문, 사회, 과학, 기술, 예술)	문학 (고전 시·소설, 현대 시·소설)	화법과 작문 (선택 과목)	수행 평가 글쓰기	언어와 매체 (선택 과목)	
수능	독서 (인문, 사회, 과학, 기술, 예술)	문학 (고전 시·소설, 현대 시·소설)	화법과 작문 (선택 과목)	대입 논술 (선택)	언어와 매체 (선택 과목)	

※ 2028학년도 수능부터 국어 선택 과목의 통합으로 선택 사항 없이 전 영역이 출제될 예정.

초등 시기부터 할 수 있는 수능 준비

◆ 어휘력

수능 국어에서 출제되는 어휘 문제의 수는 많지 않다. 고유어를 한자어로 바꾸거나 다의어의 쓰임을 묻는 문제가 일부 있을 뿐이다. 그러나 어휘력은 단순히 몇 문항을 맞히자고 필요한 것이 아니다. 기본 어휘력이 부족하면 거의 모든 지문의 내용을 온전히 이해할 수 없는데, 이는 곧 문제 해결 자체가 불가능하다는 뜻이다. 어휘력이 곧, 학습력이다.

수능에 나오는 어휘의 범위를 명확히 정의하기는 쉽지 않다. 고등학교 교육 과정 전반이 수능 국어 비문학 지문에 등장할 수 있는 소재라는 점에서 그 범위는 매우 넓다. 인문, 사회, 과학, 기술, 예술 등으로 분류되긴 하지만, 실제로는 우리가 살아가는 세상의 모든 영역이 글의 소재가 된다. 따라서 어휘력은 국어 과목에만 국한되지 않는다. 국어, 영어, 수학, 과학, 사회는 물론이고 체육, 예술, 기술·가정에 이르기까지 전 과목 학습이 어휘력의 기반 위에서 이뤄진다고 볼 수 있다. 결국 교과서 중심의 내신 공부는 수능과 무관한 것이 아니라, 오히려 수능을 위한 가장 탄탄한 준비가 된다. 전 과목의 성실한 학습이 바로 어휘력을 확장하는 지름길이며, 이것이 모든 학습의 토대가 되는 셈이다.

[어휘를 알아야 지문과 선지 모두 이해 가능한 유형]

송 이후 원나라에 이르러 성행하던 도교는 유학과 불교 등을 받아들이게 체계화되었지만, 오징에게는 주술적인 종교에 불과했다. ㉠유학자의 입장에서 그는 잘못된 가르침을 펴는 도교에 사람들이 빠지는 것을 경계했다. (…중략…)
원이 쇠퇴하고 명나라가 들어선 이후 유학과 도가 등 여러 사상이 합류하는 사고가 무르익는 가운데, 유학자인 오징은 자신의 ㉡학문적 소신에 따라 『노자』를 주석한 『노자직해』를 저술했다. (…후략…)

14. ㉠과 ㉡에 대한 이해로 가장 적절한 것은?

① ㉠은 유학 덕목의 등장을 긍정적으로 평가한 『노자』의 견해를 수용하는, ㉡은 유학 덕목에 대한 『노자』의 비판에 담긴 긍정적 의도를 밝히려는 것으로 표출되었다.

② ㉠은 유학에 유입되고 있는 주술성을 제거하는, ㉡은 노자 사상이 탐구하는 대상에 대한 이해를 근거로 노자 사상과 유학의 공통점을 제시하려는 것으로 표출되었다.

  (…후략…)

※ 예시 출처: 2024학년도 수능 국어 영역

[고유어를 한자어로 바꾸는 유형]

데이터를 처리할 때 데이터의 정확성은 매우 중요하다. 그런데 데이터에 결측치와 이상치가 포함되면 데이터의 특징을 제대로 ⓐ나타내기 어렵다.
결측치는 데이터 값이 ⓑ빠져 있는 것이다. 결측치를 처리하는 방법 중 하나인 대체는 다른 값으로 결측치를 채우는 것인데, 대체하는 값으로는 평균, 중앙값, 최빈값을 많이 사용한다. 중앙 (…후략…)

11. 문맥상 ⓐ~ⓔ와 바꿔 쓰기에 가장 적절한 것은?

① ⓐ: 형성(形成)하기
② ⓑ: 누락(漏落)되어
③ ⓒ: 도래(到來)한다
④ ⓓ: 투과(透過)하는
⑤ ⓔ: 소원(疎遠)하여

※ 예시 출처: 2024학년도 수능 국어 영역

[다의어의 쓰임을 확인하는 유형]

『한비자』는 중국 전국 시대의 한비자가 제시한 사상이 ⓐ담긴 저작이다. 여러 나라가 패권을 다투던 혼란기를 맞

> ⓐ 엄격한 법치를 통해 부국강병을 꾀한 한비자는 『노자』에 대한 해석을 통해 자신의 법치 사상을 뒷받침했고, 이러한 면모는 『한비자』의 『해로』, 『유로』 등에서 확인할 수 있다. (…후략…)

17. ⓐ와 문맥상 의미가 가장 가까운 것은?

① 과일이 접시에 예쁘게 담겨 있다.
② 상자에 탁구공이 가득 담겨 있다.
③ 시원한 계곡물에 수박이 담겨 있다.
④ 화폭에 봄 경치가 그대로 담겨 있다.
⑤ 매실이 설탕물에 한 달째 담겨 있다.

＊예시 출처: 2024학년도 수능 국어 영역

✦ 비문학 읽기 능력: 내용 파악, 전개 방식, 추론

수능 국어에서 **내용 파악 유형**은 지문에서 언급한 내용을 정확하게 이해했는지를 확인하는 문제이다. 지문에서 해당 내용을 확인하면 되므로 가장 쉬운 유형이라고 할 수 있다. 문제가 쉬운데도 틀리는 이유는 정독하지 않았거나, 지문에 대한 이해가 부족하거나, 또는 선지에 있는 단어를 몰라 선택하지 못한 경우, 선지를 끝까지 읽지 않고 함정에 빠진 경우 등으로 나뉜다.

2. [A]에서 알 수 있는 내용으로 가장 적절한 것은?

① 독서 진행 중 이해한 내용을 정리하는 것은 독자 스스로 독서 진행의 문제를 점검하는 데에 적합하지 않다.

② 독서 진행 중 독자가 자신이 얼마나 이해하고 있는지 파악하지 못할 때에는 점검을 잠시 보류해야 한다.

③ 독서 진행에 문제가 없어 보이더라도 목표에 부합하지 않는 독서가 이루어지는 경우가 있다.

④ 독서 중에 떠오르는 생각을 분류하는 것은 독서 문제의 발생을 막는다.

⑤ 독서가 멈추지 않고 진행될 때에는 초인지의 역할이 필요 없다.

8. 윗글을 이해한 내용으로 적절하지 않은 것은?

① 데이터가 수치로 구성되지 않아도 최빈값을 구할 수 있다.

② 데이터의 특징이 언제나 하나의 수치로 나타나는 것은 아니다.

③ 데이터가 정상적으로 수집되었다면 이상치가 존재하지 않는다.

④ 데이터에 동일한 수치가 여러 개 있어도 중앙값으로 결측치를 대체할 수 있다.

⑤ 데이터를 수집하는 과정에서 측정 오류가 발생한 값이라도 이상치가 아닐 수 있다.

※ 예시 출처: 2024학년도 수능 국어 영역

내용 파악 유형을 실수 없이 풀기 위해서는 초등 시기부터 정독 훈련이 필요하다. 글을 정확하게 읽고 이해해야 요약과 구조화가 차례로 이어질 수 있기 때문이다. 초등 1~2학년에는 낭독 훈련을 통해 정확하게 읽는 연습을 해보자. 이는 문자와 소리의 연결이 원활한지, 의미 단위로 끊어 읽으며 이해하고 있는지를 확인하기 위한 과정이다. 3~4학년까지도 정독 습관이 잡히지 않았다면 글을 읽을 때 연필로 줄을 치도록 한다. 일부 단어를 빼먹고 읽는 습관을 고치기 위한 훈련이니 단기간 습관을 잡는 용도로만 사용하자. 읽기가 유창해지면 눈으로 읽고 이해하는 속도가 빨라지므로 줄을 치거나 낭독하는 것이 오히려 읽기 속도의 향상을 방해할 수 있다.

배경지식을 쌓는 것 역시 중요한 활동이다. 배경지식이 있으면 지문 이해가 훨씬 수월하기 때문이다. 글쓴이가 설명하지 않은 부분, 문장과 문장 사이에 생략된 논리의 틈을 배경지식으로 메울 수 있다. 지문 속 개념이나 현상을 처음 접하더라도 관련된 지식이 있다면 빠르게 핵심을 파악하고 문장의 의미를 정확히 연결할 수 있다. 반대로 배경지식이 부족하면 지문에 제시된 단어 하나, 문장 하나를 해석하는 데에도 시간이 오래 걸리며 전체 맥락을 놓치기 쉽다. 비문학 지문에서 요구하는 것은 단순한 독해가 아니라 복잡한 정보 간의 관계를 파악하고 논리를 따라가는 능력이다. 이때 배경지식은 글을 능동적으로 읽게 해주는 바탕이 된다. 결국에는 독서, 다양한 분야의 학습, 뉴스와 사회적 이슈에 관한 관심 등이 모두 국어 지문 이해력을 높이는 데 중요한 준비 과정이다.

문제를 풀 때는 정답으로 보이는 선지가 눈에 들어오더라도 반드시 모든 선지를 끝까지 읽는 습관이 필요하다. 문제 출제자는 한눈에 보이는 정답 옆에 '그럴듯한 오답'을 배치해놓는 경우가 많다. 이를 무심코 지나치면 쉽사리 함정에 빠지게 된다. 이런 실수를 줄이기 위해서는 지문 속에 제시된 명확한 근거를 바탕으로 정답을 확인하는 훈련이 중요하다. 정답처럼 보여도 '지문에서 그렇게 말했는가?'를 반드시 따져봐야 한다. 특히 초등 수준에서는 아직 시험을 대비한 본격적인 문제 풀이보다는 지문을 꼼꼼히 분석하고 근거를 찾아 연결하는 연습에 초점을 두는 방향이 바람직하다.

글의 전개 방식을 파악하는 문제는 글쓴이가 글을 쓴 목적이 무엇인지, 그리고 어떤 순서와 논리로 내용을 전개했는지를 묻는다. 이는 글의 구조와 흐름을 파악하는 능력을 요구하는 유형이다.

비문학 글의 전개 방식은 초등 국어 교과서에서도 다룬다. 5~6학년 교육 과정에서 비교·대조, 인과, 문제-해결, 시간 순서, 나열 등 전개 방식의 개념을 학습하므로, 이를 바탕으로 지문 분석을 연습할 수 있다. 따라서 5학년부터는 본격적으로 비문학 독해집을 활용하여 전개 방식을 분석해보자. 전개 방식을 알면 글의 구조를 예측하며 읽을 수 있고, 이는 독해의 능동성을 높인다. 수동적으로 문장의 흐름을 따르지 않고, 능동적으로 지문을 읽으며 전개 과정을 인식하여 머릿속에서 정리하는 훈련이 가능해진다. 이런 훈련은 반복을 통해 체화되어야 한다. 예를 들어 이어지는 수능 국어 문제에서 제시된 '의의', '비교', '한계', '절충', '개념', '시간의 흐름에 따라' 등의 표현은 모두 글의 전개 방식과 관련된 개념이다. 이런 개념을 바탕으로 지문을 분석한 다음, 반드시 지문 속 근거를 확인하면서 정답을 선택해야 한다.

(나)
　유학자들은 도를 인간 삶의 올바른 길을 의미하는 것이라고 보았다. 중국 송나라 이후, 유학자들은 이러한 유학의 도를 기반으로 현상 세계 너머의 근원으로서 도가의 도에 주목하여 『노자』 주석을 전개했다.
　혼란기를 거친 송나라 초기에 중앙집권화가 추진된 이후 정치적 갈등이 드러나면서 개혁의 분위기가 조성됐다. 이러한 분위기하에서 유학자이자 개혁 사상가인 왕안석은 『노자주』를 저술했다. 그는 『노자』의 도를 만물의 물질적 근원인 '기(氣)'라고 (…중략…)

새롭게 해야 한다고 주장한 것이다. 『노자』의 이상 정치가 실현되려면 유학 이념이 실질적 수단으로 사용되어야 한다고 주장하는 등 왕안석은 『노자』를 유학의 실천적 측면과 결부하여 이해했다.

송 이후 원나라에 이르러 성행하던 도교는 유학과 불교 등을 받아들이며 체계화되었지만, 오징에게는 주술적인 종교에 불과했다. ㉠유학자의 입장에서 그는 잘못된 가르침을 펴는 도교에 사람들이 빠지는 것을 경계했다. 그는 도교의 시조로 간주된 노자의 가르침이 공자의 학문과 크게 다르지 않음을 밝히고자 『도덕진경주』를 저술했다. 그는 도와 유학 이념을 관련짓는 구절을 추가하는 등 『노자』의 일부 내용을 바꾸고 기존 구성 체계를 재편했다. 『노자』의 도를 근원적인 도로 본 그는 모든 이치를 내재한 도가 현실화하여 천지만물이 생성된다고 이해했다. 이런 관점에서 그는 유학의 인의예지가 도의 쇠퇴 때문에 나타난 것이라는 『노자』와 달리 도가 현실화하여 드러난 것으로 해석하고, 인간이 마땅히 따라야 할 사회 규범과 사회 질서 체계도 도가 현실화한 결과로 파악했다.

원이 쇠퇴하고 명나라가 들어선 이후 유학과 도가 등 여러 사상이 합류하는 사조가 무르익는 가운데, 유학자인 설혜는 자신의 ㉡학문적 소신에 따라 『노자』를 주석한 『노자집해』를 저술했다. 그는 기존의 주석서가 『노자』의 진정한 의미를 밝히지 못했기 때문에 유학자들이 노자 사상을 이단으로 치부했다고 파악한 것이다. 다양한 경전을 인용하여 『노자』를 해석하면서 그는 『노자』의 도를 인간의 도덕 본성과 그것의 근거인 천명으로 이해하고, 본성과 천명의 이치를 탐구한다는 점에서 노자 사상과 유학이 다르지 않다고 보았다. 또한 그는 『노자』에서 인의 등을 비판한 것은 (…후략…)

12. (가), (나)에 대한 설명으로 가장 적절한 것은?

① (가)는 『한비자』의 철학적 의의를 설명하고 『한비자』와 『노자』의 사회적 파급력을 비교하고 있다.

② (가)는 한비자가 추구한 이상적인 사회를 소개하고 그 실현을 위해 『노자』를 수용한 입장의 한계를 설명하고 있다.

③ (나)는 특정 개념을 중심으로 『노자』에 대한 여러 학자의 견해를 시간의 흐름에 따라 제시하고 있다.

④ (나)는 여러 유학자가 『노자』를 해석한 의도를 각각 제시하고 그 차이로 인해 발생한 학자 간의 이견을 절충하고 있다.

⑤ (가)와 (나)는 모두, 『노자』에 대해 다양한 시각에서 제시된 비판이 심화되는 과정을 구체적 사례와 함께 설명하고 있다.

※ 예시 출처: 2024학년도 수능 국어 영역

앞선 12번 문제의 정답은 3번이다. 여기서 말하는 '특정 견해'는 유학 이념을 의미한다. 여러 학자가 각기 다른 견해를 내세우지만, 공통적으로 유학 이념을 기반으로 삼는다는 점이 지문에 명시되어 있다. 또한 선지에 '시간의 흐름에 따라 전개되었다'라는 표현이 있다면, 시대를 구분하여 대상의 변화를 설명하는 내용이 지문에 있는지를 반드시 확인해야 한다. 이런 방식으로 근거 중심의 독해 훈련을 반복하자.

추론 문제는 지문에 대한 이해를 바탕으로 보기에서 제시한 조건에 얼마나 정확히 적용할 수 있는지를 묻는 유형이다. 지문을 정확히 읽고, 보기를 분석한 뒤, 선지를 비교하고 판단하는 3단계가 모두 원활하게 이뤄져야 하므로 난도가 가장 높다고 할 수 있다.

일부 학부모나 학생은 추론 문제만 집중적으로 연습하고 싶어 한다. 그러나 초등 수준에서는 효과적인 방법이 아니다. 이 시기에는 무엇보다 기본적인 지문 분석 능력을 길러야 한다. 지문에서 말하고자 하는 바를 정확히 파악하고, 보기에서 강조하는 지점이 지문의 어떤 부분과 연결되는지를 찾아내는 것이 바로 지문 분석이다. 그 어떤 문제 풀이보다도 지문을 제대로 읽고 이해하는 것 자체가 추론의 바탕이 된다.

국어 외 다른 교과 학습에서도 추론력을 기르기 위한 훈련을

15. (나)의 왕안석과 오징의 입장에서 다음의 ㄱ~ㄹ에 대해 판단한 것으로 가장 적절한 것은?

ㄱ. 도는 만물을 통해 드러나는 것이지 만물에 앞서서 존재하는 것은 아니다.
ㄴ. 인간 사회의 규범은 이치를 내재한 근원적 존재인 도가 현실에 드러난 것이다.
ㄷ. 도는 현상 세계의 너머에만 머물러 있지 않고 세상일과 유기적으로 관련되는 것이다.
ㄹ. 도가 변화하듯이 현상 세계가 변하니, 현실 사회의 변화에 따라 인간 사회의 규범도 변해야 한다.

---

① 왕안석은 ㄱ에 동의하지 않고 ㄴ에 동의하겠군.
② 왕안석은 ㄴ과 ㄹ에 동의하겠군.
③ 왕안석은 ㄷ에 동의하고 ㄹ에 동의하지 않겠군.
④ 오징은 ㄱ과 ㄹ에 동의하지 않겠군.
⑤ 오징은 ㄴ에 동의하고 ㄷ에 동의하지 않겠군.

※ 예시 출처: 2024학년도 수능 국어 영역

할 수 있다. 예를 들어 수학에서 표·그래프 해석, 사회에서 통계자료·분포도·도식 분석, 과학에서 작동 원리 그림이나 실험 관찰자료 이해 등은 모두 복합적인 정보를 바탕으로 사고하는 훈련이다. 이와 같이 도표나 시각 자료를 해석·분석·이해하는 능력이 쌓이면 비문학 독해에서의 추론 문제 해결력도 자연스럽게 향상된다. 단기간에 성과를 내려는 조급함은 오히려 학습 목표를 왜곡할 수 있다. 추론력은 문제집으로 해결할 수 있는 기술이 아니라 교과에 충실한 공부를 통해 차근차근 쌓이는 사고력임을 잊지 말아야 한다.

중등 시기부터 해도 괜찮은 수능 준비

✦ 고전 시, 고전 산문

고전 문학은 중학교 진학 후에 고입을 준비하면서 본격적으로 학습하면 된다. 초등 시기에는 《홍길동전》, 《전우치전》 등 대표적인 한국 고전을 미리 읽어보는 정도로도 충분하다. 다만, 고전 문학은 현재의 언어와 표현 방식이 다르기에 제대로 읽으려면 단순히 줄거리를 따라가는 것 이상의 어휘 해석 능력이 필요하다.

다음 지문과 같이 고전에서는 같은 인물을 다양한 방식으로 표현한다. '황상', '상', '짐'은 모두 왕을 가리키는 표현이지만 어휘에 익숙하지 않으면 같은 대상이라는 사실조차 파악하기 어렵다. '이 몹쓸 흉악한 놈', '아귀', '이 짐승', '저것', '홍적'도 모두 같

> 황상과 만조백관이 어찌할 줄 모르더니 좌장군 서경태가 급히 입직군을 동원하여 칼을 들고 내달아 크게 꾸짖길,
> "이 몹쓸 흉악한 놈아, 어찌 이런 변을 짓느냐?"
> 하고 칼을 들어 치니 아귀가 몸을 기울여 피하고 입을 벌려 숨을 들이쉬니 서경태가 날리어 아귀 입으로 들어갔다. 상이 보시다가 크게 놀라,
> "짐이 여러 번 전장을 지내었으되 이런 일은 보도 듣도 못하였으니 제신 중에 뉘 이 짐승을 잡아 짐의 한을 씻으리오."
> 정서정군 한세충이 나와 아뢰길,
> "소장이 비록 재주 없으나 저것을 베어 황상께 바치리이다."
> 하고 황금 투구에 엄신갑을 입고 팔 척 장창을 들고 청룡마를 내달아 외쳐 말하길,
> "흉적은 목을 늘여 내 칼을 받으라."
> 아귀가 크게 웃고 말하길,
> "아까는 내 숨을 들이쉬니 모기 같은 것도 삼켰으니 지금은 숨을 내쉴 네 눈을 부릅뜨고 자세히 보라." (…후략…)
>
> ※ 예시 출처: 2024학년도 수능 국어 영역

은 악역을 지칭하지만 어휘를 모르면 그 사실을 놓치게 된다. 그러나 문맥만 잘 따라가도 '괴물 같은 악역'이라는 점은 어느 정도

추론할 수 있다. 또한 "만조백관이 어찌할 줄 몰랐다가 서경태가 나섰다"라는 문장을 통해 서경태가 신하 무리 중 하나라는 사실을 알 수 있다. 마찬가지로 "제신 중 한세충이 나왔다"라는 표현을 보면 '제신' 역시 신하 무리임을 유추할 수 있다. 따라서 '만조백관'과 '제신'이 비슷한 의미라는 것도 문맥 속에서 파악할 수 있게 된다.

이처럼 어휘력은 고전 문학 이해의 핵심이 된다. 단어 하나하나를 무작정 암기하기보다는 고전 속의 문장을 반복해서 읽으며 문맥으로 익히자. 초등 시기에는 고전을 '공부'하지 않아도 된다. 재미있게 읽으면서 어휘와 표현 방식에 익숙해지는 것, 그것이 훗날 중고등 과정의 고전 문학 학습을 위한 가장 자연스럽고 효과적인 준비다.

✦ 현대 시, 현대 소설

수능에서 요구하는 문학 감상 능력은 단순한 공감이 아니다. 주인공의 희로애락에 울고 웃는 MBTI F형 감성이 아니라 문학 개념이라는 명확한 기준에 따라 작품을 분석하는 능력이다. 따라서 문학 문제를 풀기 위해서는 감정 이입보다 먼저 개념어를 학습하고 암기하는 과정이 필수다. 초등 교과서에서도 일부 문학 개념을 다루긴 하지만, 그 수준은 수능에서 요구하는 개념과는 다소 차이가 있다. 예를 들어 '오리가 꽥꽥'이라는 표현을 초등

1~2학년에서는 '소리를 흉내 내는 말', 5~6학년에서는 '의성어'라고 하지만, 수능에서는 이를 '음성 상징어'라고 표현한다. 이처럼 명칭도 개념의 깊이도 다르기에 초등 교과만으로는 수능 대비가 쉽지 않다.

최근 일부에서는 초등학생에게 문학 독해집을 따로 풀게도 하지만, 이는 오히려 비효율적인 학습이다. 초등 시기에는 무엇보다도 다양한 소설을 몰입해서 읽는 경험이 우선이다. 수준에 맞는 소설을 즐겁게 읽으면 자연스럽게 이해력, 공감력, 판단력, 어휘력이 향상된다. 단, 이런 효과가 나타나기 위해서는 '많이 읽는 것'보다는 '제대로 읽는 것', 즉 몰입과 감정 이입을 통한 간접 경험이 선행되어야 한다. 부모나 교사는 아이가 진짜 즐기며 읽고 있는지를 관찰해야 한다.

중학교 입학 전에는 〈동백꽃〉, 〈수난이대〉 등 한국 단편 소설을 중심으로 본격적인 학습 독서를 시작하면 좋다. 이때도 문제를 풀 필요는 없다. 소설의 배경인 시대적 상황을 이해하고, 문장 속에 등장하는 어휘에 익숙해지는 것만으로도 충분하다.

다음 문항에서 제시된 '명시적 청자', '색채어', '유사한 문장 구조의 반복', '시상의 전개' 등은 모두 수능에 나오는 문학 개념어다. 이에 대한 학습 없이 문제를 푸는 것은 기초 없이 벽돌을 쌓는 것과 같다.

문학 개념어뿐만 아니라 일반 어휘력 역시 문제 해결의 핵심

18. [A]의 서술상 특징에 대한 설명으로 가장 적절한 것은?

① 서술자가 개입하여 인물에 대한 평가를 제시하고 있다.
② 대화를 통해 인물 간의 위계나 관계를 보여 주고 있다.
③ 현재와 과거를 교차하여 장면의 전환을 보여 주고 있다.
④ 인물의 회상을 통해 인물 간 갈등의 원인을 암시하고 있다.
⑤ 상황에 대한 인물의 반응을 과장되게 서술하여 사건의 비극성을 완화하고 있다.

22. (가)~(다)에 대한 설명으로 가장 적절한 것은?

① (가)는 명시적 청자에게 말을 건네는 방식으로 화자의 감정을 드러낸다.
② (가)는 동일한 색채어를, (나)는 유사한 문장 구조를 반복적으로 제시하며 시상을 전개한다.
③ (가)와 (나)는 모두, 사라져 가는 대상에 대한 화자의 안타까움을 드러낸다.
④ (나)는 사물을 관조함으로써, (다)는 세태를 관망함으로써 주제 의식을 부각한다.
⑤ (가), (나), (다)는 모두, 대상과 소통하며 문제 해결 과정을 연쇄적으로 제시한다.

※ 예시 출처: 2024학년도 수능 국어 영역

이다. '관조', '세태', '관망', '연쇄적' 등은 문학 용어는 아니지만 뜻을 모르면 선지를 판단할 수가 없다. 실제로 문학 문제의 오답을 정리하다 보면, 많은 경우 아이들이 단어 뜻을 몰라 고민하다 찍었다는 사실을 확인하게 된다. 결국에는 어떤 영역이든 기본은 어휘력인 셈이다.

◆ **문법**

39. 〈학습 활동〉을 수행한 결과로 적절한 것은? [3점]

〈학습 활동〉

부사어는 부사, 체언·조사, 용언 활용형 등으로 실현된다. 부사어로써 수식하는 문장 성분은 부사어, 관형어, 서술어 등이다. 일례로 '차가 간다.'의 서술어 '간다'를 수식하기 위해 부사 '잘'을 부사어로 쓰면 '차가 잘 간다.'가 된다. [조건] 중 두 가지를 만족하도록, 주어진 문장을 부사어를 넣어 수정해 보자.

[조건]
㉠ 부사어를 수식하기 위해 부사를 부사어로 쓴 문장
㉡ 관형어를 수식하기 위해 용언 활용형를 부사어로 쓴

문장

ⓒ 관형어를 수식하기 위해 부사를 부사어로 쓴 문장

ⓔ 서술어를 수식하기 위해 체언+조사를 부사어로 쓴 문장

ⓜ 서술어를 수식하기 위해 용언 활용형을 부사어로 쓴 문장

	조건	수정 전 ⇨ 수정 후
①	㉠, ㉡	웃는 아기가 귀엽게 걷는다.
		⇨ 방긋이 웃는 아기가 참 귀엽게 걷는다.
②	㉠, ㉢	화가가 굵은 선을 쭉 그었다.
		⇨ 화가가 조금 굵은 선을 세로로 쭉 그었다.
③	㉡, ㉤	그를 싫어하는 사람이 있다.
		⇨ 그를 무턱대고 싫어하는 사람이 많이 있다.
④	㉢, ㉣	딴 사람이 그 문제를 해결했다.
		⇨ 전혀 딴 사람이 그 문제를 한순간에 해결했다.
⑤	㉣, ㉤	영미는 그 일을 처리했다.
		⇨ 영미는 그 일을 원칙대로 깔끔히 처리했다.

※ 예시 출처: 2024학년도 수능 국어 영역(언어와 매체)

국어 문법은 암기하지 않으면 손댈 수 없는 대표적인 영역이다. 앞선 문제에서도 드러나듯이 '부사어', '관형어', '서술어'와 같은 개념을 모르면 조건에 맞춰 문장을 수정하거나 분석하려는 시도조차 불가능하다. 하지만 반대로 생각하면 범위가 명확하고 암기 중심의 영역이기 때문에 한번 제대로 익혀두면 두고두고 효자 과목이 될 수 있다.

만약 타 과목 진도에 큰 부담이 없는 상황이라면 중학교 입학 전에 국어 문법을 예습하기를 적극적으로 권한다. 중등 국어 문법은 크게 음운, 단어, 문장 3개의 영역으로 구성되며, 각 영역 간의 연계성이 매우 뚜렷하다. 그러나 실제 중학교 교과서는 각 학기에 문법 단원을 1개씩만 다루는 경우가 많아, 1학년 1학기와 2학기, 혹은 2학년과 3학년에 걸쳐 학습 내용이 단절되는 문제가 발생한다. 이로 인해 문법 전체 구조를 연결해서 이해하는 데 어려움이 생긴다. 즉, 학습의 지속성과 통합성이 떨어지기 쉽다.

이 같은 단절을 극복하기 위한 방법으로 중학교 입학 전에 중등 문법 전 과정 예습을 권한다. 전체 구조를 미리 알고 나면 중학교 수업 중 학기별로 배우는 개별 내용을 스스로 연결하고 보완하는 힘이 생기기 때문이다. 문법은 처음부터 끝까지 연결되는 구조를 파악하면서 익혀야 하는 영역인 만큼 시작 전에 큰 그림을 그려보는 학습 전략이 특히 효과적이다.

04
독서를 하면 학습이 쉬워지는 이유

    독서를 하면 왜 학습이 쉬워질까? 바로 독서가 학습의 기본기를 다지기 때문이다. 독서를 통해 자료를 해석하고, 정보를 요약하며, 의미를 재구성하는 능력을 키울 수 있다. 이 힘은 교과서 이해, 개념 정리, 암기와 적용에 이르기까지 모든 학습 과정에 유기적으로 작용한다. 따라서 독서를 통해 글을 읽는 연습이 학습보다 먼저 진행되어야 한다. 글을 읽는 힘은 수학 문제를 이해하고, 과학 개념을 정리하며, 사회 흐름을 파악하는 능력의 바탕이 된다. 국어뿐만 아니라 전 과목에 영향을 주는 기초 체력 같은 존재인 셈이다.

    그런데 여기서 꼭 하나 짚고 넘어가야 할 것이 있다. 바로 '**취미 독서**'와 '**학습 독서**'**의 차이**다. 취미 독서는 말 그대로 즐거움을 위한 독서다. 흥미로운 이야기 속으로 빠져들고, 감정을 따라가며,

책 읽는 행위 자체에서 기쁨을 얻는다. 취미 독서는 독서의 시작이자 뿌리다. 흥미와 감정에 따라 책을 고르고, 재미있게 몰입하며, 독서 자체를 즐기는 경험이 중심이다. 이는 책과 친해지는 첫걸음이자 평생 독자로 자라나는 데 꼭 필요한 단계다.

반면에 학습 독서는 책 속 정보를 구조화하고, 인과 관계를 파악하며, 중심 생각과 세부 내용을 연결해 의미를 해석하는 과정이다. 독서 후 내용을 분석하거나 비교하며, 새로운 지식을 체계화하여, 자신의 언어로 표현해보는 과정이 포함된다. 둘 중 어느 하나가 더 중요하다고 말할 수는 없다. 취미 독서는 독서의 뿌리를 튼튼히 하고, 학습 독서는 사고의 폭을 넓힌다. 따라서 아이의 독서 경험이 취미 독서에서 출발하되, 점차 학습 독서로 확장되어야 전 과목 학습으로 연결되는 힘을 가질 수 있다. 즐거움에서 출발한 독서가 사고력과 표현력으로 이어질 수 있도록 독서의 성격과 목적에 맞는 접근이 필요하다.

이와 더불어 **'국어 학습'도 병행**해야 한다. 국어 학습은 읽기 능력을 바탕으로 선택지를 분석하고 문제 해결 전략을 익히는 기술 훈련이다. 글을 정확히 읽고, 논리적으로 비교하며, 지문에서 근거를 찾아 정답에 도달하는 능력을 키운다. 이처럼 3가지는 서로 연결되어 있지만 강조 시점은 다르다.

초등 1~2학년에서는 취미 독서의 습관 형성이 최우선이다. 이 시기에 책을 즐기고 자발적으로 읽는 경험이 충분히 누적되어야 한다. 3~4학년은 학습 독서를 처음 접하는 시기다. 하지만 이때는 경험만 해도 괜찮다. 취미 독서의 뿌리가 아직 단단하지 않은 아이에게 학습 독서를 강요하면 독서 자체에 대한 흥미가 꺾일 수 있기 때문이다. 5~6학년이 되면 학습 독서를 본격적으로 연습해야 한다. 이 시기의 독서는 단순히 읽는 것에서 그치지 않고, 생각하고 정리하며 표현하는 것으로 확장되어야 한다. 독서 후 질문하기, 요약하기, 비판적으로 바라보기 등과 같은 사고 훈련이 반드시 포함되어야 한다. 이와 동시에 국어 학습은 학년에 따라 꾸준히 병행되어야 한다. 읽기 능력을 문제 해결로 연결하는 학습 기술은 자연스럽게 체득되지 않기 때문이다. 독서와 학습은 나란히 걸어가야 한다.

　결국 아이의 독서력을 학습력으로 연결하기 위해서는, 습관으로 자리 잡힌 읽는 즐거움(취미 독서) 위에 생각하는 힘(학습 독서)을 쌓고, 여기에 문제 해결 능력(국어 학습)을 더해야 한다. 이처럼 3가지가 균형 있게 발달해야 아이의 문해력이 튼튼히 세워지고, 전 과목 학습의 성과로 이어진다. 부모는 어떤 한 부분에만 치우치지 않고 아이의 시기별 발달에 맞게 독서와 학습을 조화롭게 설계해야 한다.

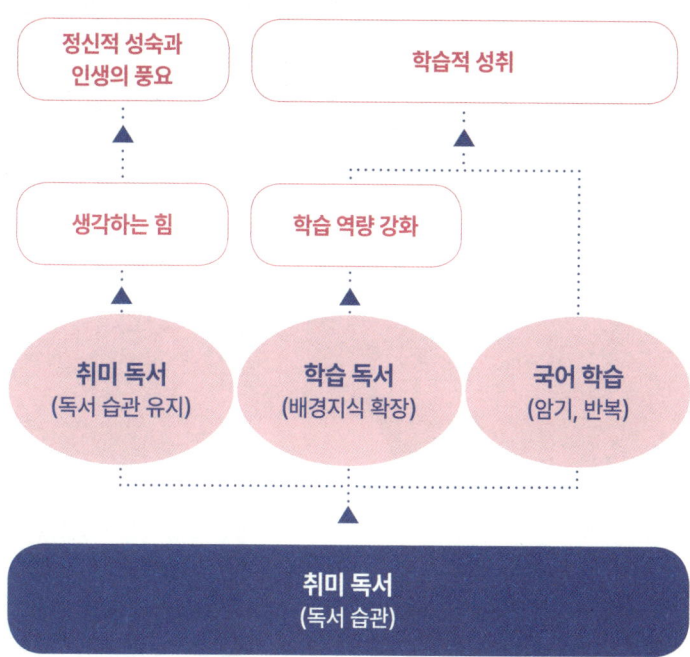

2장

주 6시간으로 끝내는 초등 학년별 독서 실천법

2장

주 6시간으로 끝내는
초등 학년별 독서 실천법
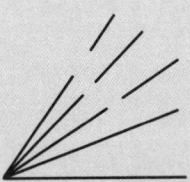

초등 학년별
독서 목표 살펴보기

1주 6시간으로 완성하는
독서와 국어

이 책이 마음 바쁜 당신에게 과거형 위로가 아닌 현재형 대안이 되었으면 한다. "지나고 보니 그렇게까지 하지 않았어도 되더라고요"라는 선배 부모의 말은 난장판인 나의 육아에 위로를 주지만, 그렇다고 현실의 문제를 해결해주지는 않는다. '내가 만약 과거로 돌아간다면…'이라는 이상적인 대안은 말 그대로 이상일 뿐 현실에선 재생되지 않는다. 닿지 않는 목표를 세우고 좌절하지 말자. 실천 가능한 계획을 세우고 지켜나갈 때 비로소 불안을 잠재울 수 있다. 그러니 부모가 함께하는 아이의 독서 계획은 단순해야 한다.

어떤 이유로 바쁘든 1주 6시간은 독서에 할애하자. 어느 학년, 어느 계절에도 모두가 각자의 이유로 분주하다. 아이는 매년 새로운 학년을 맞이하고, 부모도 모든 게 처음이니 여유 있는 때란 오지 않는다. 매일 1시간이 아니라 1주 6시간을 기준으로 설정한 이유는 실행력을 높이기 위해서다. 현실은 학원에 다녀와서 숙제하는 시간을 제외하면 매일 1시간을 독서에 투자하기도 쉽지 않다. 한편에서는 사교육을 과도한 경쟁의 산물로만 바라보는 경향도 있다. 하지만 예체능 학원, 학교 방과 후 수업 등은 보육의 기능을 동반하기도 한다. 사교육은 부모가 바쁜 시간에 아이가 있어야 할 장소와 보호자, 수행 과제를 부여함으로써 위험을 줄여준다. 나를 비롯한 요즘 부모는 어떤 이유로든 사교육을 '선택할 수밖에 없는' 시대에 살고 있다. 1주 6시간은 이러한 현실을 반영한 제안이다. 정작 하다 보면 하루에 30분 독서를 실천하는 날도, 전혀 책에 손을 대지 못하는 날도 있을 것이다. 매일 실천하기란 힘들지만 1주 총량 6시간 이상은 꼭 채우자. 물론 보호자가 독서를 더 챙길 여력이 있고, 아이가 스스로 과제를 잘 수행하는 편이라면 시간을 조금 더 확보하면 좋다. 단, 추가 시간은 학습이 아닌 독서에 배정해야 한다. 초등은 학습보다 독서가 우선이다.

학년별 목표와 실천:
취미 독서, 학습 독서, 국어 학습의 황금비

주 6시간은 **취미 독서, 학습 독서, 국어 학습**으로 나뉜다. 취미 독서란 즐거움을 위한 독서로 책 읽는 행위 자체에서 기쁨을 얻는 것이다. 독서의 시작이자 독서 습관을 형성하는 데 가장 큰 역할을 한다. 학습 독서란 새로운 정보를 이해하고 체계화하여 받아들이는 것을 목표로 하며 학습 역량 향상에 직접적인 영향을 미친다. 국어 학습이란 어휘, 독해, 글쓰기 등 국어 실력을 높이기 위한 학습을 말한다.

주 6시간은 초등 1학년부터 6학년까지 모두 같지만 구성 비율은 학년별로 다르다. 여기서 제시하는 것은 기준일 뿐, 각자의 상황에 맞춰 조정하는 유연함이 따라야 꾸준히 실천할 수 있다. 주 6시간은 5시간 30분이나 6시간 30분이 될 수도 있고, 아이가 학습 독서를 거부한다면 이번 달은 쉬고 다음 달에 다시 시도해볼 수도 있다. 국어 학습 역시 제시하는 모든 영역을 다 해야 하는 것이 아니라 아이에게 필요한 영역부터 선택하는 유연함이 필요하다. 무엇보다 아이의 실력과 성향을 있는 그대로 받아들이는 것부터 시작해야 한다. 여기서 제시하는 학년 기준을 무조건 따르려고 하지 말고, 아이가 즐겁게 시작할 수 있는 목표부터 차근차근 성취하자.

학년별로 글밥(글의 양)의 목표는 취미 독서를 기준으로 한다. 이야기에 몰입하여 긴 호흡의 글을 한번에 읽어내는 과정에서 소화할 수 있는 글밥이 늘어난다. 점차 집중력과 독해력이 높아지는 것이다. 60쪽에서 80쪽으로, 또 100쪽으로 글밥을 단계적으로 늘리는 이유가 바로 이 때문이다. 이러한 몰입의 경험은 주로 흥미로운 이야기를 읽음으로써 일어나기 때문에 취미 독서를 통해 글밥을 늘려야 수월하다. 학습 독서는 지식 습득을 위한 독서이므로 내용의 난도가 취미 독서보다 높다. 비문학 글은 설명문이 다수이고 개념어, 한자어, 추상어가 등장한다. 관심 영역이 아닌 경우 흥미를 갖고 읽기가 힘들다. 따라서 같은 학년을 기준으로 비교했을 때 학습 독서의 글밥이 취미 독서보다 적어야 아이가 편하게 읽을 수 있다.

학년별로 글밥의 목표 수치는 해당 학년이 끝나는 시점을 기준으로 한다. 1학년 60쪽, 2학년 100쪽, 3학년 120쪽, 4학년 150쪽, 5학년 200쪽, 6학년 250쪽 분량의 책을 편안하게 읽는 수준이 되는 것이 목표다. 그래서 1학년 3월이라면 60쪽 동화책을 스스로 읽기 힘든 것이 당연하다. 조급함을 버려야 한다. 특히 아이가 계획대로 잘 따라올 때 부모의 욕심이 과해진다. 단계를 점프하려는 욕심은 뒤늦게 메꿔야 할 구멍만을 만들 뿐이다. 성장은 단계를 건너뛰어 일어나지 않는다는 점을 잊지 말자.

초등 1~2학년은 취미 독서 5시간, 학습 독서 0시간, 국어 학습 1시간이 기준이다. 초등학교에 입학하여 적응하는 단계며 책 읽기가 아직 익숙하지 않다. 독서가 즐겁다는 정서를 형성해야 하므로 취미 독서만 진행한다. 특별히 어려운 지식이 필요한 나이도 아니므로 학습을 위한 독서는 굳이 따로 하지 않아도 된다. 아이가 흥미를 느끼는 책을 통해 스스로 책 읽기에 익숙해지고 점차 글밥을 늘려가는 일에 집중하자. 국어 학습 역시 가정에서 새로운 활동을 준비하기보다는 학교에서 수행하는 과제의 질을 높이자. 이것이 아이의 실력 향상에 더 효율적인 방법이다. 학교 수행 과제는 받아쓰기, 알림장 쓰기, 일기 쓰기, 독서록 쓰기 등이며, 학교에서 이러한 활동이 부족한 경우에만 집에서 보완하면 충분하다.

초등 3~4학년은 취미 독서 4시간, 학습 독서 1시간, 국어 학습 1시간이 기준이다. 글밥을 늘리는 데 실패하여 독서에서 멀어지거나, 학습 부담이나 디지털 기기 등 외부 환경의 영향으로 독서 습관이 무너지기 쉬운 시기다. 이 시기 가장 중요한 목표는 꾸준한 독서이므로 주간 일정표에도 독서 시간이 명확하게 정해져 있어야 한다. 취미 독서는 아이의 흥미를 우선하여 책을 선정해야 독서 습관을 유지하기 쉽다. 생활 동화, 세계 명작을 기본으로 두고 확장하면 좋다. 그리고 이때부터는 드디어 학습 독서를 시작하는 시기다. 또 학교에서 사회·과학 교과가 시작되는 시기이기도 하므로 한 달에 사회 연계 도서 1권, 과학 연계 도서 1권 정도는 학교 진도와 맞춰서 읽으면 효과적이다. 하지만 아이가 학습 독서를 거부한다면 사회·과학 교과서를 함께 읽거나 문제집을 활용하자. 학습 독서를 강요하면 독서 자체에 흥미를 잃을 수도 있기 때문이다. 초등 시기에는 무엇보다 독서 습관을 형성하고 유지하기 위한 기초 작업이 중요하다는 사실을 잊지 말자. 국어 학습은 어휘, 사자성어, 한자, 독서록이 핵심이다. 일기, 독서록 등의 학교 수행 과제가 있다면 그것을 우선으로 하되, 없는 경우에만 교재를 활용한다. 매일 해야 한다거나 완벽하게 암기를 해야 한다는 강박을 버리자. 목표는 꾸준히 노출하는 수준으로 설정해도 충분하다.

초등 5~6학년은 취미 독서 3시간, 학습 독서 1시간, 국어 학습 2시간이 기준이다. 5~6학년부터는 선행 학습으로 일정이 빠듯한 아이들의 비중이 높아진다. 3~4학년 시기와 마찬가지로 정해진 독서 시간을 확보하여 꾸준히 독서할 수 있는 환경을 조성해줘야 한다. 취미 독서는 사춘기가 시작되는 아이의 신체 변화를 다루는 사춘기 정보 도서, 감정 변화의 원인과 대처 방안을 간접 체험할 수 있는 성장 소설을 주력으로 한다. 아이의 사고 수준이 높아지는 시기인 만큼 청소년 도서를 발판 삼아 《불편한 편의점》, 《두근두근 내 인생》 등 성인 수준의 일반 도서도 도전해볼 수 있다. 학습 독서는 비문학 도서를 활용하여 새로운 정보를 체계적으로 정리하는 기술을 익힌다. 국어 학습은 어휘, 사자성어, 한자, 독해집을 중심으로 진행한다. 특히 독해집을 활용할 때는 문제를 푸는 연습도 필요하지만, 무엇보다 지문을 요약하고 구조를 분석하는 과정에 초점을 둬야 한다.

==예비 중학생은 취미 독서 3시간, 학습 독서 1시간, 국어 학습 2시간으로 5~6학년과 기준 시간은 같다.== 취미 독서는 중고등의 학교생활을 간접 체험할 수 있는 청소년 도서를 위주로 읽으면서 점점 선택의 폭을 넓혀나가자. 총 500쪽가량 되는 소위 문학 벽돌책에 도전해 분량의 한계를 넘어서는 경험을 하는 것도 의미가 있다. 아이가 원한다면 성인 대상의 일반 도서를 읽어봐도 좋다. 학습 도서로는 〈동백꽃〉, 〈수난이대〉 등 중학교 교과서에 수록된 한국 단편 소설을 읽자. 시대적 배경, 역사적 사건과 연결하여 이해해야 하므로 이와 관련된 설명이 수록된 책을 선택하자. 국어 학습은 어휘, 독해집, 국어 문법을 중점으로 한다. 기존에 하고 있던 독해집을 꾸준히 활용하면서 필요에 따라 어휘 교재를 추가하면 좋다. 독해집은 문제의 답을 찾기보다는 지문 분석에 초점을 둬야 하며, 주로 지문의 어떤 부분에서 문제가 출제되는지 유형을 파악하는 연습도 필요하다. 따라서 문제의 양을 늘리기보다 지문을 완전히 이해하고 구조화하는 연습을 해야 한다. 이렇게 지문을 분석하며 학습의 질을 높여야 독해 실력의 향상으로 이어진다. 읽었던 지문에서 모르는 어휘를 암기해야 기억에 잘 남지

만, 아이가 암기를 거부한다면 어휘 교재를 추가해도 좋다. 어휘 교재는 관련성이 높은 단어만 모아서 제공하므로 배경지식이 자연스럽게 확장되고 예문을 통해서 단어의 정확한 쓰임까지 학습할 수 있다. 이때 같은 교재를 2~3번 반복하면 암기에 대한 거부감을 줄일 수 있다. 국어 문법은 중학교 교과 과정에서 3년에 걸쳐 한 단원씩 나눠 배운다. 그렇기에 학습의 지속성이 떨어지므로 꽤 많은 아이가 국어 문법의 범위조차 파악하지 못한 채 중학교를 졸업하기도 한다. 이 시기에 중등 국어 문법을 선행하는 목표는 세부 내용의 암기가 아니라 학습의 설계도를 준비하는 것이다. 음운, 단어, 문장으로 이어지는 문법 전체 범위에 대한 설계도를 갖고 있으면 3년(총 6학기)에 걸쳐 드문드문 배워도 어떤 부분의 지식과 연결할지 쉽게 알아챌 수 있다. 단, 독서력이 부족한 학생은 문법을 미리 학습하기보다 기본 문해력을 향상하는 데 힘쓰는 게 낫다.

[학년별 목표 한눈에 보기]

구분	주력 목표	취미 독서			학습 독서		국어 학습	
		시간/주	글밥 목표/연말	주력 도서	시간/주	주력 도서	시간/주	주력 활동
1~2학년	읽기 독립, 글밥 늘리기	5시간/주	60쪽	전래 동화, 생활 동화	-	-	1시간/주	받아쓰기, 일기, 속담, 어휘
			100쪽	생활 동화				
3~4학년	독서 습관 유지, 비문학 독서 입문	4시간/주	120쪽	생활 동화, 세계 명작	1시간/주	과학 동화	1시간/주	사자성어, 한자, 일기, 독서록, 어휘
			150쪽	인물 동화, 역사 동화		역사 동화		
5~6학년	독서력 최대치 상향, 비문학 독서 심화	3시간/주	200쪽	사춘기 도서	1시간/주	과학책, 역사책	2시간/주	독해집, 어휘, 한자
			250쪽	성장 소설		역사책, 우리 고전		
예비중	성인 수준 독서력 도달	3시간/주	500쪽	일반 도서, 벽돌책	1시간/주	단편 소설	2시간/주	어휘집, 독해집, 국어 문법

QR 코드를 스캔하여 표를 다운로드받아 활용하세요.

학년별 추천 도서
한눈에 보기

학년별 추천 도서는 해당 책을 읽을 수 있는 최소 수준을 기준으로 해서 주제별로 나눠 작성했다. 예를 들어 〔똥볶이 할멈〕(슈크림북)이 초등 3학년 칸에 위치한다면 해당 책은 3학년부터 그 이상의 아이가 읽기를 권한다는 의미다. 물론 2학년에도 읽을 수 있는 아이가 있다. 하지만 독서에 흥미를 느끼고 독서 습관의 형성이 우선인 시기이므로 수준의 상향보다는 비슷한 수준의 책을 폭넓게 읽는 것에 초점을 뒀으면 한다.

학년별 추천 도서에서 시리즈 도서를 주로 소개하는 이유는 편의를 위해서다. 단권의 책으로는 독서 습관을 형성하기가 어렵다. 아무리 인기 좋은 책이라 해도 모든 아이가 그 책을 좋아하는 것은 아니기 때문이다. 특히 저학년은 책의 글밥이 적어서 읽어 내는 속도도 빠른데, 단행본을 일일이 찾아서 제공하는 일은 목록이 있다고 해도 부모의 에너지가 많이 소모된다. 책을 고르는 수고를 덜면서도 아이의 취향을 저격할 확률을 높이는 방법이 시리즈 도서다. 아이가 좋아하는 책을 발견하면 해당 시리즈, 해당 글 작가와 그림 작가를 검색하여 비슷한 분위기의 책을 여러 권 제공하자.

또 하나 짚고 넘어가야 할 부분은 전집과 시리즈 도서의 구분이다. 전집은〔과학 뒤집기〕(성우주니어),〔초등융합 사회과학 토론왕〕(뭉치)처럼 낱권으로 구매할 수 없고 출판사의 기획에 따라 여러 명의 작가가 책을 집필한다. 시리즈 도서는 낱권 구매가 가능하며 구성 경로가 다양하다. 첫 번째는〔고양이 해결사 깜냥〕(창비),〔오백 년째 열다섯〕(위즈덤하우스) 등과 같이 단행본의 반응이 매우 좋을 때 후속작을 만들어 권수가 늘어난 경우다. 비슷한 이야기 구조를 반복하기 때문에 간혹 뒤로 갈수록 이야기의 흥미가 떨어지기도 한다. 두 번째는〔처음읽는 역사동화 이선비 시리즈〕(미래엔아이세움),〔재미만만 우리고전〕(웅진주니어)처럼 처음부터 소전집으로 기획하여 완결된 시리즈를 한번에 출판하는 경우다. 세 번째는〔사계절 웃는 코끼리〕(사계절),〔좋은책어린이 저학년문고〕(좋은책어린이),〔비룡소 일공일삼〕(비룡소),〔사계절 1318문고〕(사계절)처럼 시리즈의 이름이 출판사 도서 분류의 기능을 하는 경우다. 출판사와 대상 연령만 같을 뿐, 각 도서의 글 작가와 그림 작가가 모두 다르다. 그래도 출판사와 시리즈의 개성이 반영되므로 공유하는 분위기가 존재한다. 그리고 이 미묘한 차이를 느끼는 것이 바로 취향이다.

고학년은 단행본 추천 도서가 많아 본문에 따로 목록을 작성했다. 반드시 읽어야 하는 책은 어디에도 없지만, 그중에 아이가 관심을 보이고 좋아하게 되는 책은 있기 마련이다. 추천 도서 목록이 아이의 흥미를 발견하는 데 도움이 되길 바란다.

[학년별 추천 도서 ①]

구분	글밥 목표/연말	창작 동화/소설				전래	고전	한국사
1학년	60쪽	리더십 학교 가자	사계절 웃는 코끼리	병만이, 동만이, 만만이	만복이네 떡집	이야기 꽃할망	국시 꼬랭이	솔거나라
2학년	100쪽	고양이 해결사 깜냥	한밤중 달빛 식당	내 멋대로 친구 뽑기	꽝 없는 뽑기 기계	서정오 전래동화	-	-
3학년	120쪽	똥볶이 할멈	신기한 맛 도깨비 식당	위풍당당 여우 꼬리	좋은책 어린이 저학년문고	-	처음읽는 역사동화 이선비 시리즈	-
4학년	150쪽	-	-	-	-	-	푸른숲 역사동화	-
5학년	200쪽	사춘기 도서 목록 참고	-	-	-	재미만만 우리고전	근현대사 100년 동화	제대로 한국사
6학년	250쪽	성장 소설 목록 참고	-	-	-	재미있다! 우리 고전	-	용선생의 시끌벅적 한국사
예비중	500쪽	중고등학교 배경 소설 목록 참고	문학 벽돌책 목록 참고	일반 도서 목록 참고	교과서 수록 단편 소설	휴머니스트 한국 고전	-	용선생 교과서 한국사

QR 코드를 스캔하여
표를 다운로드받아 활용하세요.

[학년별 추천 도서 ②]

구분	세계 명작/세계 문화/세계사			사회		과학				인물/철학/진로
1학년	-	-	-	-	-	-	-	-	-	-
2학년	-	-	-	-	-	-	-	-	-	아홉 살 마음 사전
3학년	초등학생을 위한 세계 명작	올림포스 가디언	-	변호사 어벤저스	-	-	-	-	-	새싹 인물전
4학년	-	-	나의 첫 세계사	통신문 시리즈	의사 어벤저스	빨간 내복의 초능력자	초등융합 사회과학 토론왕	꼬마 과학 뒤집기		나의 첫 인문 고전
5학년	삼성 초등 세계 명작	아이세움 세계 명작	나의 첫 세계사 여행	처음 사회동화	복제 인간 윤봉구	정재승의 인류 탐구 보고서	처음 과학동화	과학 뒤집기 기본		단행본 목록 참고
6학년	-	-	교양으로 읽는 용선생 세계사	채사장의 어린이 지대넓얕	-	조지의 우주를 여는 비밀 열쇠	-	용선생의 시끌벅적 과학교실		-
예비중	비룡소 클래식	네버랜드 클래식	식탁 위의 세계사	-	-	과학자가 들려주는 과학 이야기	과학 뒤집기 심화			-

QR 코드를 스캔하여
표를 다운로드받아 활용하세요.

[주 6시간 독서 월간 계획표] (※ 예시는 초등 3학년 기준)

구분	계획			실천 시간 (독서 시간만큼 색칠하기, 20분/칸)							
	취미 도서	학습 도서	국어 학습	월	화	수	목	금	토	일	합계
1주	☐ 변호사 어벤저스 (제목:) ☐ 초등학생을 위한 세계 명작 (제목:) ☐ 도서관 대여 (제목:)	수상한 돈돈 농장과 삼겹살 가격의 비밀 ☐ 어휘 5개 사전 찾기	☐ 사회도 독해가 먼저다 3단원_지문1 ☐ 읽으면서 바로 써먹는 어린이 고사성어 따라쓰기_39번								총 ___ 시간 ___ 분
2주	☐ 변호사 어벤저스 (제목:) ☐ 초등학생을 위한 세계 명작 (제목:) ☐ 도서관 대여 (제목:)	비밀투표와 수상한 후보들 ☐ 어휘 5개 사전 찾기	☐ 사회도 독해가 먼저다 3단원_지문2 ☐ 읽으면서 바로 써먹는 어린이 고사성어 따라쓰기_40번								총 ___ 시간 ___ 분
3주	☐ 변호사 어벤저스 (제목:) ☐ 초등학생을 위한 세계 명작 (제목:) ☐ 도서관 대여 (제목:)	수상한 지진과 지형의 비밀 ☐ 어휘 5개 사전 찾기	☐ 사회도 독해가 먼저다 3단원_지문3 ☐ 읽으면서 바로 써먹는 어린이 고사성어 따라쓰기_41번								총 ___ 시간 ___ 분
4주	☐ 변호사 어벤저스 (제목:) ☐ 초등학생을 위한 세계 명작 (제목:) ☐ 도서관 대여 (제목:)	괴상하고 무서운 에너지 체험관 ☐ 어휘 5개 사전 찾기	☐ 사회도 독해가 먼저다 3단원_지문4 ☐ 읽으면서 바로 써먹는 어린이 고사성어 따라쓰기_42번								총 ___ 시간 ___ 분

QR 코드를 스캔하여
표를 다운로드받아 활용하세요.

01
초등 1~2학년:
취미 독서 5시간 + 국어 학습 1시간

주력 목표:
읽기 독립과 글밥 늘리기

초등 1~2학년의 독서 목표는 읽기 독립과 글밥 늘리기다. 이때는 이렇게 2가지만 해결해도 충분하다. 1학년 1년 동안 읽기 독립을 하고, 2학년 1년 동안 점진적으로 글밥을 늘려가자. 2학년 겨울 방학이 끝나는 시점을 기준으로 〔똥볶이 할멈〕, 〔처음읽는 역사동화 이선비 시리즈〕와 같은 100쪽 동화책을 원활하게 읽는 것이 목표다.

✦ **스스로 책을 읽고 이해하는 기쁨, 읽기 독립**

읽기 독립이란 아이가 자신의 힘으로 책을 읽고 내용을 이해할 수 있는 수준에 이르는 것을 말한다. 7세 전후에 한글 떼기를 마친 뒤 이어지는 과업이다. 이 시기의 아이들은 한글을 소리 내어 읽을 수는 있지만 읽은 내용을 모두 이해하지는 못한다. 문자 해독 능력이 부족하기 때문이다. 사람은 일반적으로 읽고 이해하는 능력보다 듣고 이해하는 능력이 높다. 아직 문자 해독력이 부족한 단계에서는 읽기 능력과 듣기 능력의 차이가 훨씬 크다. 따라서 책을 스스로 읽을 때보다 엄마(아빠)가 읽어줄 때 훨씬 적은 노력으로도 내용에 몰입할 수 있다. 이런 이유로 엄마(아빠)가 책을 읽어주면 흥미를 느끼고 더 읽어달라고 요구하지만 스스로 읽기는 거부하는 것이다. 아이가 한글을 읽을 수 있어도 스스로 책을 읽기 위해서는 충분히 연습해야 한다. 연습 기간에도 독서에 대한 흥미를 유지하려면 엄마(아빠)가 책을 읽어주는 시간이 꼭 필요하다.

"오늘부터 이유식 끝! 유아식은 건너뛰자. 이제 밥은 스스로 차려 먹어."

이 말은 누구나 이상하다고 느낀다. 숟가락질도 제대로 하지 못하는 아이에게 스스로 밥을 차려 먹으라니……. 그런데 아이가 한글을 떼면 스스로 읽기를 바라는 마음은 전혀 이상하게 느껴지지 않는다. 정말 그런 걸까? 물론 자기 이름 읽고 쓰기부터 통글자, 낱글자까지 오느라 지친 마음은 충분히 공감한다. 하지만 속마음 그대로 "이제 읽을 줄 아니까 알아서 좀 읽어"라고 아이를 다그치고 있다면 과거 부모로서 이유식에 얼마나 조심스럽게 접근했는지 돌이켜 보자. 이유식은 전적으로 아이의 속도에 맞춰 진행한다. 처음에 새로운 식재료는 소량만 맛보게 해서 알레르기 여부부터 확인한다. 입자를 더 굵게 조절할 때도 스스로 씹을 수 있는지 아이의 입 모양을 살핀다. 아이가 더 먹겠다고 해도 무한정 양을 늘리지 않는다. 너무 많은 양은 소화할 수 없기 때문이다.

읽기 독립에서도 바로 이와 같은 조심스러움이 필요하다. 아이의 취향에 맞는 책인지 고민하고, 아이가 소화할 수 있는 수준의 책인지 확인해야 한다. 아이가 하루에 책을 100권씩 읽는다고 그저 즐거워하는 대신, 활자에 지나치게 몰입한 것은 아닌지, 칭찬받기 위한 행동은 아닌지 관찰해야 한다. 소화할 수 있는 수준에서 충분히 머무르면 아이는 스스로 다음 단계를 향한다. 읽기 독립은 한순간에 일어나는 사건이 아니다. 단계적이고 점진적인 변화다. 이 과정이 지루하게 느껴진다면 과연 이유식 첫날부터 아이가 스스로 밥 먹기를 원했었는지 생각해보자. 읽기 독립은 이유식을 할 때처럼 조심스럽게 아이의 속도에 맞춰 단계를 상향해야 한다. 이유식에서 유아식으로 넘어가는 속도로 적절한 시기를 기다리자.

읽기 독립 문제 해결의 핵심은 '부모의 충분한 관심'이다. 엄마

(아빠)가 책을 읽어줄 때와 같은 양과 질의 관심을 가져야 한다. 우리 아이는 분명히 책을 좋아하는데 왜 스스로 읽지 않을까? 아이 행동의 원인을 다시 분석해보자. 아이는 '책'이 아니라 '엄마(아빠)와 함께하는 시간'을 좋아했을 것이다. 사춘기 전의 아이는 엄마(아빠)를 눈앞에 두고도 늘 엄마(아빠)가 그립다. 누군가 의도한 것도 아니고 누구의 잘못도 아니다. 부모의 하루는 아이를 먹이고 치우고 씻기고… 그리고 다음 날을 준비하며 끝난다. 이렇게 일상의 중심이 아이에게 있지만, 이상하게도 아이와 여유롭게 대화를 나눌 시간은 없다. 아이는 하고 싶은 말이 산더미지만, 엄마(아빠)는 매번 그 산더미를 휙 하고 날려버린다.

"신발부터 벗고, 손부터 씻고, 숙제부터 하고……."

그런데 책을 읽을 때만큼은 엄마(아빠)가 아이의 말을 경청한다. 엄마(아빠) 품에 안겨서 관심을 온전히 느낄 수 있다. 이것이 아이가 느끼는 '엄마(아빠)와 함께 책 읽는 시간'의 정체다. 이런 아이의 마음에 공감한다면 쉽게 답을 찾을 수 있다.

아이가 스스로 책을 읽을 수 있더라도 같은 공간에서 함께 시간을 보내자. 아이가 읽는 책 중 일부를 읽어줘도 좋고 옆에 앉아서 각자의 책을 읽어도 좋다. 부모의 관심 도서를 읽거나 아이가 읽었으면 하는 책을 흥미로운 표정으로 읽으며 다음 도서 선정을 위한 미끼를 던져보자.

"백설공주가 왕비에게 복수하면 어때? 우리 어제 먹었던 꿀사과를 왕비에게 보내서 과식하게 만드는 거야. 그럼 왕비의 뱃살이 출렁출렁해져서 누가 제일 예쁘냐고 거울에 묻기도 싫어질걸. 어떻게 아느냐고? 요즘 엄마가 뱃살이 많아져서 거울만 보면 짜증이 나거든. 백설공주가 정말 복수하는지 끝까지 읽어볼래? 이건 패러디 동화라서 결말이 좀 달라."

아이가 낭독한 부분에 엉뚱한 질문을 해보기도 하고 연상되는 추억을 떠올려 이야기의 소재로 삼아도 좋다. 옆에 앉은 부모의 온기, 아이의 독서를 기특해하는 눈빛, 아이의 호기심에 갖는 관심, 책을 소재로 나누는 대화, 책이 일상의 사건으로 이어지는 경험, 함께한 이 모든 시간이 '부모의 충분한 관심'의 구체적인 모습이다. 매일 독서 시간을 함께하진 못하더라도 부모의 사랑과 노력은 분명히 아이에게 전해진다. 선명하게 따뜻한 기억으로 말이다.

초등 1~2학년의 아이는 부모가 노력한 만큼 변화한다. 엄마(아빠)의 말에 귀 기울이고 잘 따라주기 때문이다. 1번이라도 더 도서관에 가고 1권이라도 더 읽어주자. "읽기 독립 만세!"라고 외치고 독서 해방 일지를 쓰고 싶은 마음은 모두 공감한다. 하지만 조금만 더 참자. 노력하는 만큼의 성취를 이룰 수 있는 일이 세상에 어디 흔한가.

✦ 조금씩 조금씩 천천히, 글밥 늘리기

글밥이란 책 1권에 들어 있는 글자의 분량이나 밀도를 뜻하며, 전체 쪽수를 말하는 것이 일반적이다. 하지만 실제로 아이들이 글밥을 판단하는 기준은 시각적 첫인상이다. 시각적 첫인상을 결정하는 요소는 다음과 같다. 먼저 글자의 크기와 줄 간격이다. "글자가 너무 빽빽해요"라는 말은 보기만 해도 어렵게 느껴져 읽고 싶지 않다는 뜻이다. 전체 쪽수가 동일해도 아이들이 책의 난도를 다르게 판단하여 도서 선택에 영향을 미치는 셈이다. 다음 기준은 삽화의 빈도와 색감이다. 아이들이 삽화가 있는지 또는 얼마나 자주 나오는지를 확인하는 이유는 삽화가 들어간 만큼 글자 수가 적어지기 때문이다. 삽화의 그림체나 색감에 민감한 아이들은 더 까다롭게 책을 고른다. 하지만 다수는 삽화를 읽어야 할 분량을 최소화하기 위한 도구로 인식한다. 따라서 글밥을 늘려갈 때는 먼저 책의 전체 쪽수를 고려하되, 내지의 편집을 꼭 확인해야 한다.

초등 1학년은 학교라는 새로운 환경에 적응해야 하는 시기다. 학원 일정도 학교 시간표에 따라 모두 바뀐다. 아이의 하루가 통째로 새로워진다. 이때는 정서적 안정이 우선이므로 읽기 독립 이상의 욕심은 금물이다. 이제 막 초등학생이 된 아이에게 책은 위안이어야 한다. 아이는 책에서 삶에 도움이 되는 이야기를 들을 수 있다. 학교생활에 대한 궁금증을 해소하고, 학교에서 마주한 문제를 해결하기 위한 힌트를 얻기도 한다. 이렇게 생활에 스며든 독서는 자연스럽게 아이의 정서를 함양한다. 이때 독서마저 도전 과제가 된다면 아이는 책과 멀어질 수밖에 없다.

특히 7세에 읽기 독립을 한 경우라면 부모의 욕심을 경계하자. 또래보다 조금 빠른 속도에 으쓱하여 균형 감각을 잃는 경우가 많다. 이 시기에 많은 책, 또 어려운 책을 읽는다고 해도 대입을 치를 정도의 수준에는 도달할 수가 없다. 수준을 상향하여 문해력이라는 산 정상에 일찍 도달하는 것이 아니라, 오히려 오르고 싶은 마음이 사라질 수도 있다. 1~2학년은 책을 좋아하고, 독서가 습관으로 자리 잡는 일이 무엇보다 중요하다. 책은 평생 친구다. 책과 아이가 적정 거리를 지키며 서로를 알아갈 기회를 주자. 천천히 친해지더라도 깊게 우정을 나눌 수 있을 것이다.

글밥을 늘려갈 때 단계 상향 시기는 아이가 결정한다. 이때 부모의 태도가 중요하다. 끊임없이 미끼를 던지되, 억지로 끌어올리지는 말아야 한다. 아이의 이마에 '준비되었습니다' 하고 초록 신호가 깜박여준다면 정말 편하겠지만 현실은 그렇지 않다. 전혀 관심이 없는지, 욕심은 있지만 부담스러운지, 시도해보고 나서 아직은 어렵다고 할지, 단번에 성공할지 해보기 전에는 알 수 없다. 그러니 언제든 스스로 뛰어오를 수 있도록 환경을 만들어줘야 한다. 당장 읽어내지는 못하더라도 항상 1단계 높은 책을 제공하자. 이때 책은 꼭 빌린 책이어야 한다. 직접 구매한 책에는 돈을 쓴 만큼의 기대가 더해지기 마련이다. 빌린 책이라면 책 표지 구경으로 끝나도, 아니 책 표지조차 쳐다보지 않아도 평정심을 유지할 수 있다. '반납하지 뭐', '다음 달에 또 빌리지 뭐'라고 가볍게 생각하자. 오늘이 아니어도 괜찮다. 아이는 부모의 생각보다 빠른 속도로 성장한다.

또 글밥을 늘려갈 때 목표는 '글밥을 늘리는 것' 단 하나여야 한다. "과학책은 절대 안 읽어요", "특정 작가의 책만 반복해서 읽어요" 등의 고민은 하지 않아도 된다. 오히려 편독을 응원하자. 이 시기에 책을 통해 얻을 수 있는 지식의 수준은 높지 않다. 다양한 영역을 고루 읽는다고 해서 아이의 독서 능력이 크게 향상되는 것도 아니다. 즉, 노력과 비교하면 효과가 미미한 셈이다. 다양한 분야의 책을 제공하면 좋지만, 모든 분야의 책을 읽어야 한다고 강요하지는 말자. 분야를 막론하고 무엇이든 읽으면 된다. 독서가 재미있다는 감정을 갖고 점점 더 긴 책에 겁내지 않고 도전한다면 성공이다. 밥 먹는 양을 늘리려면 아이가 좋아하는 반찬을 줘야 한다. 식사량이 충분히 늘어났을 때 새로운 반찬을 조금씩 맛보게 해도 된다. 먹을 수 있는 반찬의 가짓수가 많아지면 자연스럽게 균형 잡힌 식단이 완성될 수 있다. 균형 잡힌 독서도 글밥을 늘려가는 상황에서는 고려 사항이 아니다. 목표를 성취하기 위한 전략이 전혀 다르며 성취가 어렵기도 하다. 독서를 즐기는 나 역시 특별한 목적 없이 비문학책을 읽지 않는다. 목적이 있을 때 그 지식을 정리하기 위한 용도로 같은 분야의 책을 여러 권 읽을 뿐이다. 비문학 독서는 관심 분야의 책을 제공하는 수준에서 멈추자.

실천법:
낭독 훈련에서 어휘 정리까지

초등 1~2학년은 취미 독서와 학습 독서의 구분이 없다. 명확히 말하면 학습 독서는 권장하지 않는다. 텍스트를 읽고 이해하고 즐기는 과정 자체가 아이에게는 큰 도전 과제다. 아직 취미라고 말하기도 어려운 수준의 초보 독서가인 셈이다. 1~2학년에서는 읽기 독립을 이루는 방법으로써 낭독 훈련과 반복 독서에 대해 자세히 다뤄보려고 한다.

✦ 취미 독서 실천법: 낭독 훈련과 반복 독서

방법 ① 낭독 훈련

소리 내어 읽기는 아이의 읽기 습관을 확인하고 읽기 능력을 향상하는 데 중요한 도구가 된다. 소리 내어 읽는 방법은 낭독과 음독, 2가지 방법이 있다. 그렇다면 이 둘의 차이는 무엇일까? 낭독은 다른 사람에게 내용을 전달하거나 들려주기 위해 글을 소리 내어 또박또박 읽는 것이고, 음독은 글의 내용을 이해하거나 암기할 때 주로 자기 자신에게 들리도록 읽는 것을 말한다. 부모가 아이를 위해 그림책을 읽어주는 것은 '낭독'이고, 아이가 정확한 발음을 익히기 위해 소리 내어 읽는 것은 '음독'이다. 따라서 한글을 익히고 책을 소리 내어 읽는 행위는 음독에 가깝다. 음독 단계를 지나야 비로소 낭독할 수 있다. 이 책에서 음독 훈련이 아닌 '낭독 훈련'을 강조하는 이유는 이 훈련이 아이가 텍스트를 이해하고 있는지 확인하는 데 더 적합하기 때문이다.

한글 떼기를 마친 아이는 글자를 소리로 변환하는 행위를 능숙하게 할 수 있다. 하지만 읽는 동시에 내용을 이해하지는 못한다. 글자를 음성으로 변환하는 과정과 글자를 해독하는 과정이 동시에 일어나지 않기 때문이다. 아이는 큰 목소리로 유창하게 글을 읽긴 읽었는데 자신이 읽은 내용이 기억나지 않는다. 엄마(아빠)에게 다시 읽어달라고 요구하기도 하고, 소리 내지 않고 다시 읽겠다고 말하기도 한다. 이런 상황이 즐거울 리 없다. 따라서 아이가 스스로 책을 읽으면서도 즐거움을 느낄 수 있기까지의 과정이 '읽기 독립'인 셈이다.

글자를 음성으로 변환하는 과정과 글자를 해독하는 과정이 별개의 능력이라면 각각 연습하는 방법이 더 효율적일 수 있다. 그런데 왜 힘들게 낭독 훈련을 권하는 것일까? 낭독 훈련은 이 2가지 능력의 향상 외에도 긍정적인 효과가 더 있기 때문이다. 먼저 **낭독 훈련은 읽기 독립에 걸리는 기간을 단축해준다.** 글자 그대로 정확하게 읽는지, 읽은 글자를 이해하고 넘어가는지를 모두 확인할 수 있다. 듣는 사람이 있으므로 아이는 의식적으로 더 정확하게 읽으려고 노력한다. 이때 듣는 사람이 따로 지적하지 않아도 아이는 스스로 잘못 읽은 부분을 깨닫고 수정해서 읽는다. 이렇게 자신의 읽기 능력을 주도적으로 향상시킬 수 있다.

다음으로 **낭독 훈련은 바른 읽기 습관을 형성하도록 돕는다.** 아이가 묵독할 경우 소리를 내지 않고 읽기 때문에 텍스트를 얼마나 정확하게 읽고 있는지 확인할 방법이 없다. 낭독 훈련 없이 묵독을 시작했을 때 나타나는 문제점은 다음과 같다. 삽화만 보고 넘어가기, 글자를 보기만 할 뿐 이해하지 못한 상태로 읽기, 재미있어 보이는 쪽만 자세히 읽어 전체 줄거리를 나름대로 상상하기, 처음과 끝만 읽어서 다 읽은 척하기 등 잘못된 읽기 습관의 유형은 정말 다양하다. 이렇게 나쁜 습관이 체화되면 개선하는 데 더 많은 시간과 노력이 필요하다. 수고스럽더라도 처음부터 바른 읽기 습관을 형성하도록 돕는 것이 효율적이다.

이 책에서는 낭독의 목표를 4단계로 구분했다. 읽기 수준에 적합한 낭독 훈련을 하기 위해서다. 하지만 낭독은 완성할 수 있는 목표가 아니다. 텍스트의 수준이 높아지면 다시 1단계로 돌아가 소리 내어 읽기부터 원활하도록 연습해야 한다. 이어지는 2개의

> **낭독의 목표**
>
> - **1단계:** 글자를 소리 내어 읽는 것이 원활하다.
> - **2단계:** 글자를 의미 단위로 끊어 읽으며 동시에 이해할 수 있다.
> - **3단계:** 글자의 난도에 따라 읽기 속도를 조절하고, 내용에 따라 감정을 표현할 수 있다.
> - **4단계:** 묵독으로 읽고 이해하는 속도가 더 빠르다.

문장을 통해 아이가 읽는 문장의 수준을 살펴보자.

① 나는 책상에서 주스를 마시다가 실수로 바닥에 다 쏟아버렸어요.
② 나는 책상에서 음료를 섭취하던 중 순간적인 부주의로 인해 바닥에 내용물을 전량 유실했다.

어휘가 한자어로 바뀌고 수식어가 길어지면서 문장 구조가 복잡해진다. 첫 번째 문장에 감정을 실어 전달할 수 있는 아이라도 두 번째 문장은 이해하지 못할 수 있다. 이해하지 못한다면 내용에 적합한 어조로 낭독하기도 어렵다. 이렇게 텍스트의 수준이 높아지면 낭독 연습이 다시 필요해진다. 이해하기 어려운 텍스트를 마주했을 때 스스로 읽기 속도를 조절하는 것이 낭독 훈련의 궁극적인 목표다.

1단계는 글자를 소리 내어 읽는 것이 원활해지도록 훈련해야 한다. 한글을 배우는 과정에서 수없이 반복한다. 책뿐만 아니라 간판, 과자 봉지 등 일상에서 마주하는 글자를 소리로 변환하는 것에 의미를 둔다. 이때는 뜻을 모르고 읽는 경우가 많아 독서까지 연결되기는 힘들다. 읽을거리를 다양하게 제공하고 자신감을 느끼도록 독려해야 하는 시기다.

2단계는 읽기 독립을 위해 집중해야 할 단계다. 글자를 의미 단위로 끊어 읽으며 동시에 이해할 수 있어야 한다. 낭독 훈련을 수월하게 진행하려면 우선 아이의 마음을 움직여야 한다. 아이가 낭독을 거부하는 이유는 본인이 읽어서 이해하지 못하거나 이해할 수 있다고 해도 그 과정에서 큰 노력이 필요하기 때문이다. 낭독 훈련의 효과가 다양하다고 해도 억지로 시키지는 말아야 한다. 독서 정서가 망가지면 낭독 훈련을 잘 마친다고 하더라도 독서를 하지 않는 아이가 될 수 있다. 낭독이 싫은 아이의 마음을 충분히 공감하자.

낭독에 흥미를 끌기 위해 여러 가지 방법을 시도할 수 있다. 엄마(아빠)가 먼저 책을 읽어주면 진입 장벽이 낮아진다. 엄마(아빠)가 읽어주는 이야기를 들으며 눈으로 그림을 따라가면 책을 쉽게 이해할 수 있다. 이렇게 이해한 후에 책을 낭독하면 글자 하나, 삽화 하나까지 속도를 조절하면서 읽게 된다. 스스로 읽으면서도 온전히 이야기를 즐긴다는 증거다. 따라서 새로 접하는 책은 엄마(아빠)가 읽어주고, 낭독 훈련은 이미 읽었던 책으로 진행하기를 권한다.

　엄마(아빠)와 번갈아 읽어도 좋다. 낭독 훈련이 게임처럼 느껴지도록 번갈아 읽는 방법을 다양하게 변형한다. 한 문장씩 번갈아 읽기, 1쪽씩 번갈아 읽기, 1권씩 번갈아 읽기, 읽다가 틀리는 부분에서 이어서 읽기, 대화문과 서술문을 각각 담당하여 읽기, 특정 인물을 담당하여 읽기 등이 있다. 아이가 새로운 번갈아 읽기 아이디어를 떠올린다면 적극적으로 반영해주자. 물론 한 글자씩 번갈아 읽자는 등의 번거로운 규칙을 제시하면 짜증이 치밀 때도 있다. 하지만 번갈아 읽는 이유가 흥미 유발을 위해서라는 점을 잊지 말고 아이의 요구를 들어주자.

　아이가 여전히 더듬더듬 읽는다면 더 쉬운 책을 선택해야 한다. 다음의 예를 살펴보자.

"김치는 매워서 먹고 싶지 않아요"를 잘못 읽는 유형

① 글자 자체를 매끄럽게 읽지 못하는 경우
　"김…치은 매어…서 먹고심…지 않아요."

② 의미 단위로 끊어 읽지 못하는 경우
　"김치는매 워서먹고싶 지 않아요."

> ③ 아이의 평소 말습관이 드러나는 경우
> "김치는 매우니까 먹고 싶지 않은데."
>
> ④ 이해한 내용을 새로운 표현으로 바꿔 읽는 경우
> "김치는 안 먹을래요."

마지막의 경우 의미를 알고 바꿔 읽는 것이니 괜찮다고 생각할 수도 있지만 언제나 정확하게 읽도록 지도해야 한다. 김치를 먹는 상황처럼 텍스트가 사용된 맥락이 아이에게 익숙할 때는 다음 글자를 쉽게 예측하기도 한다. 하지만 텍스트가 어려워지면 정확하게 읽어야 의미를 이해할 수 있다. "우리나라는 공정한 재판을 하기 위해서 증거가 있는 사실만 인정해"라는 문장을 "우리나라는 공정한 재판을 해서 증거가 있어. 사실을 인정해"라고 읽는다면 정확한 의미를 이해할 수 없다. 비슷한 어휘로 문장을 구성했지만 의미가 전혀 달라졌기 때문이다. 같은 글을 눈으로만 읽는다면 낭독할 때보다도 더 띄엄띄엄 읽게 된다. 스스로 글자를 건너뛰고 읽었다는 사실조차 인지하지 못한 채, 대충 다독하는 습관이 자리 잡는 셈이다.

2단계 낭독 훈련에서 다음과 같은 문제점을 발견하면 즉시 교정하자. 첫째, 단어를 빠뜨리고 읽거나 잘못 읽으면 정확한 뜻을 알려줘야 한다. 잘못 읽는 단어는 주로 자신이 모르는 단어다. '낙상'이라는 말을 모르면 '낙서'라고 읽는 식이다. 5~6학년 아이들도 새로운 단어를 배울 때 비슷한 모습을 보인다. '전전반측'을 '전반반측'으로, '속수무책'을 '속주무책'으로 잘못 읽고 잘못 쓴다. 단어의 뜻을 정확하게 알고 있으면 당연히 바르게 읽고 바르게 쓴다.

둘째, 문장의 어미를 바꿔 읽는다면 바로잡아야 한다. '~입니다'를 '~이다' 또는 '~이겠지' 등으로 바꿔 읽는 경우를 말한다. 이는 평소 자기 말습관의 영향을 많이 받는다. 문맥상 의미가 달라지지 않더라도 글자를 정확하게 읽어야 한다. 읽기도 말하기와 마찬가지로 습관이기 때문이다. 지금 소리 내어 읽어야 할 내용은 '나의 말'이 아니라 '작가의 글'이라는 것을 분명히 하자.

셋째, 이해할 수 있는 속도로 읽어야 한다. "나는 가장 친한 친구와 함께 서점에 갔다. 거기서 우연히 만난 친구와 새로 나온 만화책에 대해 수다를 떨다가 학원에 늦었다. 사려던 문제집도 사지 못하고 바로 학원으로 뛰어갔다." 이 문장을 유창하게 읽었더라도 아이가 이해한 내용은 정확하지 않을 수 있다. 먼저 등장인물이 2명이라고 생각할 수도 있다. 친구의 이름을 밝히지 않았기에 서점에 함께 간 친구와 서점에서 만난 친구는 서로 다르다는 사실을 생각하지 않고 읽었을 경우다. 또 서점에서 사려던 책이 만화책인지 문제집인지를 정확히 기억하지 못할 수도 있다. 학원에 늦은 이유가 서점에 갔기 때문인지, 수다를 떨었기 때문인지 역시 정확하게 설명하지 못할 수 있다. 이렇게 유창하게 읽고도 글의 내용을 기억하지 못하는 이유는 정확하고 빠르게 읽을 수 있다는 자신감에 취해 '글자'만 봤기 때문이다. 아이의 유창한 읽기 실력은 칭찬하되, 읽으면서 동시에 내용을 이해할 수 있는 속도로 읽어야 한다는 점을 꼭 알려줘야 한다. "무슨 만화책이 새로 나왔어? 사려던 문제집은 어떤 과목이야? 서점에서 만난 친구랑 수다 떠는 동안 같이 간 친구는 뭘 했을까?" 등 아이가 상황을 복기할 만한 질문을 하면 이해하며 읽었는지를 확인할 수 있다.

넷째, 의미 단위로 끊어 읽지 못한다면 더 쉬운 글로 바꿔야 한다. "김치는매 워서먹고싶 지 않아요"처럼 의미 단위로 끊어 읽지 못한다면 문장의 의미를 제대로 이해하지 못한 것이다. 해당 문장에 모르는 단어가 있을 수도 있지만, 글 자체가 아이에게 어려울 가능성도 있다. 정확한 진단을 위해서는 글에 대해 아이와 대화를 나눠봐야 한다. 문제점이 파악되면 더 쉬운 글로 자료를 바꾸거나 단어의 의미를 설명해주고 다시 한번 천천히 읽어보도록 지도한다. 한번에 이해할 수 있는 쉽고 짧은 책부터 낭독 훈련을 시작하자. 글이 적은 그림책부터 천천히 단계를 높여도 절대 늦지 않다.

==3단계는 이미 읽기 독립이 된 상태다. 스스로 충분히 이해한 텍스트는 듣는 이가 이해하기 쉽게 끊어 읽으며 내용에 적합한 감정을 담아서 전달할 수 있다. 글이 어려울 때 속도를 낮춰 천천히 이해하==

==며 읽는지, 내용에 따라 감정을 표현할 수 있는지를 확인하면 된다.==
성인도 어려운 글을 읽을 때는 자연스럽게 읽는 속도가 느려지고 특정 구간을 반복해서 읽기 마련이다. 이해를 목적으로 읽으면 이런 행동이 당연한데, 단순히 읽어내려고만 한다면 속도를 늦출 이유가 없어진다. 이렇게 속도의 변화로 아이가 이해하려고 노력하는지를 확인할 수 있다.

감정 표현도 마찬가지다. 능숙하게 동화 구연을 할 필요는 없지만, 주인공의 감정에 이입하다 보면 자연스럽게 기쁘거나 슬픈 감정이 목소리에 담긴다. 아이가 글을 감정 없이 읽어낸다면 잠시 멈추고 대화를 나눠보자. 대화를 나눌 때는 제대로 읽는지 확인하고자 하는 질문의 의도를 숨겨야 한다. "그때 주인공이 어떻게 행동했어?", "그다음엔 어떤 일이 일어났어?"라는 질문보다는 "주인공은 왜 울기만 했을까? 나는 화를 내고 따졌을 것 같아. 너는 어때?"라고 물어보자. 이처럼 이야기에 대한 감상을 나누면 몰입 여부를 확인할 수 있다.

==4단계에 이르면 낭독 훈련을 멈춰야 한다. 낭독 훈련을 통해 얻을 수 있는 능력을 모두 갖췄기 때문이다. 낭독으로 이해하는 속도보다 묵독으로 이해하는 속도가 더 빨라지면 낭독 훈련을 그만해도 된다.== 묵독은 소리 내지 않고 눈으로만 읽는 것을 말하는데, 읽기 능력이 향상되면 시각적으로 단어를 인식하고 의미를 이해하는 속도가 더 빨라진다. 이때는 소리 내어 읽으며 시각과 청각을

동시에 활용하는 것이 오히려 읽기 속도를 제한한다. 낭독을 멈추고 책에 몰입하는 모습을 보이거나 꼭 소리를 내어 읽어야 하냐고 말하며 답답하다는 표현을 하면 낭독 훈련을 멈출 시기다.

방법 ② 반복 독서

반복 독서는 효과적인 정독 방법이다. 특히 읽기 발달 초기 단계에서 효과가 눈에 띄는데, 반복 독서를 함으로써 아이의 읽기 실력 향상이 가시적으로 드러나기 때문이다. 처음에는 더디고 어색하게 읽던 문장이라도 낭독 훈련을 거치면서 점차 매끄럽게 읽게 된다. 자신감이 향상되며 읽기에 더욱 흥미를 느낄 수 있다. 같은 문장을 반복하는 과정에서 단어의 의미와 쓰임, 문장의 구조와 어법을 자연스럽게 익힌다. 이때 배운 어휘와 문장은 아이의 평소 언행이나 일기 등에서 즉각적으로 나타난다. 암기하려고 작정해서가 아니다. 재미있으니 반복하고, 반복하니 외워지고, 외워지니 일상 속에서 사용하게 된다. 이처럼 자연스럽고도 즐거운 과정을 경험할 기회를 아이에게도 주자. 내가 드라마 세계관에 빠져 있을 때 맞장구치는 친구가 있어야 훨씬 즐거운 것처럼 아이도 책을 함께 읽고 대화를 나눌 상대가 있어야 책에 몰입하는 과정을 즐길 수 있다. 아이가 푹 빠져서 읽는 책이 있다면 함께 읽고 맞장구를 쳐주자. 함께 읽은 책이 많아질수록 아이와의 대화가 더욱 즐거워진다.

반복 독서는 문해력 향상 속도를 높여준다. 새로운 정보가 많으면 한번에 내용을 정확하게 기억하기가 어렵다. 반복 독서는 책을 온전히 자기 것으로 체화할 수 있는 여유를 제공한다. 반복 독서를 하면 첫 번째 읽기에서 놓쳤던 문장의 의미를 새롭게 깨닫기도 하고, 아이가 전체 내용의 맥락을 정확히 파악하게 된다. 작가가 숨겨둔 복선과 암시를 찾아내는 재미를 느낄 수도 있다. 꼭 여러 권의 책을 읽어야 문해력이 향상될까? 그렇지 않다. 3권의 책을 1번씩 읽기보다 1권을 3번 읽으면서 얻는 것이 더 많을 수도 있다. 그렇다고 부모가 앞장서서 반복 독서를 계획하는 일은 없었으면 한다. 아이가 흥미를 느끼는 책을 반복할 수 있도록 자연스럽게 두면 그만이다.

아이가 반복하는 책을 부모가 함께 읽으면 아이의 책 취향이나 현재의 관심사를 파악하기도 쉽다. 시각적 효과에 예민한 아이는 표지의 그림과 색감이 마음에 들어야 책장을 넘긴다. 제목에 마음이 끌리기도 하고 표지 앞뒤의 추천사를 읽어보며 내용을 파악하기도 한다. 말장난에 흥미를 느끼거나 특정한 작가의 문체에 매혹될 수도 있다. 이러한 세세한 취향보다 부모가 특히 관심을 가져야 할 부분은 아이가 반복하는 책의 '주제'다.

아이가 어떤 이야기에 공감하는지를 살피면 아직 터놓지 않은 고민을 추측해볼 수 있다. 그렇다고 책 내용에만 너무 몰입하여 "너, 학교에서 이런 일 있었어? 누구야? 어서 말해"라고 다그치면 안 된다. 그저 비슷한 주제의 책을 연달아 제공하면서 대화의 물 꼬를 틀 준비를 하자. 《오늘부터 배프! 베프!》, 《아홉 살 마음 사전》, 《아홉 살, 단호하게 말해요》, 《설전도 수련관 1장 무례한 친구에게 당당하게 말하기》 등 친구 관계를 다루는 책을 조용히 책상에 올려준다. 다른 아이들도 비슷한 갈등을 겪고 있고, 책을 통해 해결 방법을 찾을 수 있다는 사실만 깨달아도 아이 마음이 한결 편안해진다. 아이가 부모에게 즉각 도움을 청하지 않는 이유가 분명히 있기 때문에 문제 상황을 알더라도 모르는 척 기다려야 한다. 아이가 먼저 마음의 문을 열고 대화를 시작할 때 아이의 깊숙한 고민에 가까워지는 법이다. 책은 읽기 실력 향상의 수단이 되기도, 고민의 답이 되기도, 대화의 매개체가 되기도 한다. 책과 가까울수록 우리의 삶은 여러 측면에서 수월해진다. 책을 학습을 위한 수단으로만 접근하면 이러한 혜택을 누리기가 어렵다는 점을 꼭 기억하자.

◆ 학습 독서 실천법

초등 1~2학년 시기에 학습 독서는 별도로 시간을 할애해서 하지 않아도 괜찮다. 취미 독서로 아이가 책과 친해질 수 있도록 이끌어주고, 국어 학습으로 학교 공부를 보충해주면 충분하다.

✦ 국어 학습 실천법:
받아쓰기, 일기 쓰기, 속담 학습, 어휘 정리

방법 ① 받아쓰기

초등 1~2학년 때는 국어 공부를 위해 받아쓰기에 진심을 담자. 받아쓰기는 왜 중요할까? 받아쓰기는 문해력 향상을 위한 기초 훈련이기 때문이다. 받아쓰기는 단순히 글자를 듣고 쓰는 것이 아니다. 듣고 이해하고 기억해서 문자화하여 쓰는 과정을 모두 거친다. 이 과정에서 맞춤법, 띄어쓰기, 어휘력뿐만 아니라 읽기와 쓰기 능력까지 함께 향상시킬 수 있다.

==먼저 받아쓰기를 함으로써 국어 문법 구조를 체화할 수 있다.== 바른 문장을 그대로 암기하면서 주어와 서술어의 호응, 띄어쓰기와 조사 사용, 발음 등을 익히기 때문이다. 이렇게 바르게 읽고 바르게 쓰기가 체화되면 중등 문법을 이해하기도 수월해진다. 평소 사용하던 어휘를 소리 내어 읽어보며 발음이나 띄어쓰기 규칙이 당연하다고 느껴져서다. 예를 들어 '넓다'는 [널따]로 발음하지만 '넓적하다'는 [넙쩌카다]로 발음한다. 자음군 단순화의 예외 규칙이므로 따로 암기해야 하는데, 평소 발음을 정확하게 했다면 암기하기가 쉽다. 하지만 평소에 [넙따] 또는 [널쩌카다]로 잘못 발음하던 아이들은 정확히 암기하는 데 애를 먹는다.

==다음으로 어휘력이 향상된다.== 받아쓰기 문장에는 관용어가 많

이 포함되어 있다. 관용어는 사용된 단어의 의미만으로는 정확하게 이해할 수 없다. 예를 들어 '우리 반 회장은 발이 넓다'라는 문장에서 '발이 넓다'는 '사교적이어서 아는 사람이 많다'라는 뜻이다. 이 관용어구의 의미를 모른 채 글을 읽으면 '발의 크기가 크다'라고 잘못 이해할 수도 있다. 다음 문장에서 이어지는 친한 친구들의 이름을 보며 '친구가 많다는 뜻이구나'라고 유추하거나, '친구가 많은 거랑 발의 크기가 큰 게 무슨 상관이지?'라고 의문을 품을 수도 있지만, 의미를 생각하지 않고 줄거리만 파악하기도 한다. 글을 정확하게 이해하기 위해서 관용어는 반드시 따로 암기해야 한다. 받아쓰기는 암기 활동이므로 관용어를 자연스럽게 익힐 수 있다.

표현력 역시 강화된다. 받아쓰기 문장에는 비유적 표현이 많이 포함되어 있다. 비유적 표현을 외우고 쓰면 표현이 입에 붙어서 글을 쓸 때도 자연스럽게 인출이 된다. 비유적 표현은 글에 생동감을 더한다. 예를 들어 '시험이 끝나자 마음이 구름처럼 가볍다'라고 표현하면 기분이 매우 좋다는 감정을 효과적으로 전달할 수 있다. '~처럼'을 활용해서 문장을 써보라고 조언하기보다는 받아쓰기를 통해 체화하는 것이 더 빠르고 쉬운 방법이다.

언어 습관은 쉽게 고쳐지지 않는다. 그래서 언어가 확장되는 1~2학년 때 바른 언어 습관을 형성해야 한다. "상관 쓰지 마"라는 표현을 사용하는 아이에게 "상관하지 마" 또는 "신경 쓰지 마"라고 표현해야 한다고 알려줬지만, 바로 고쳐지지 않았다. 의식해서 노력하지 않으면 계속 잘못된 표현을 쓰게 된다. 입에 붙은 말은 쉽게 떨어지지 않기 때문이다. 따라서 1~2학년 시기에는 받아쓰기가 중요하다. 다양한 어휘를 직접 사용하며 익히고, 잘못된 언어 표현을 교정할 적기다.

그런데 왜 요즘 학교에서는 받아쓰기의 비중을 줄이고 있을까? 물론 학교마다 다르지만, 단순 암기 위주의 교육을 지양하자는 분위기 형성, 철자 하나만 틀려도 점수가 깎여서 아이의 학습 자신감이 낮아질 수 있다는 우려, 과제가 부담된다는 일부 학부모의 항의가 모여 만들어낸 결과라고 생각한다.

단순 암기'만' 하는 것이 문제지, 암기하는 것 자체는 문제가 아니다. 대체 어떤 지식을 암기하지 않고 습득할 수 있단 말인가. 암기는 지식 습득의 기초다. 기본 어휘가 준비되지 않으면 학습이 진행되기 어렵다. 준비된 재료 없이 탑을 쌓을 수는 없는 법이다. 그리고 철자 하나는 엄청난 차이다. '밥'이 '법'이 되고 '물'이 '굴'이 된다. 획 하나가 바뀌면 의미가 달라지는 것이 언어다. 단지 '철자 하나'로 취급해서는 안 된다. 디자인은 아름다운데 실밥이 터져 구멍 난 옷을 샀다면 그냥 입을 것인가? 언어에서 맞춤법이란 이와 같다. 내용이 훌륭해도 철자가 잘못되면 가치가 낮게 느껴진다.

이러한 환경에서 교사의 재량에 맡기니, 담임 선생님의 의지에 따라 받아쓰기를 하기도 하고, 하지 않기도 한다. 2년 연속 받아쓰기를 하지 않는 반에 배정이 되면 받아쓰기를 하지 않고 1~2학년을 마칠 수도 있다. 담임 선생님이 받아쓰기를 진행한다면 정말 감사한 마음으로 집에서 준비하자. 알림장을 앱이나 프린트로 전달하지 않고 아이 손으로 직접 쓰게 한다면 2번, 일기 쓰기까지 챙겨준다면 100번 감사해야 한다.

학교에서 받아쓰기를 진행한다면 굳이 국어 학습을 위해 다른 교재는 찾지 말자. 주 1회 선생님이 나눠 준 받아쓰기 급수표만으로도 충분하다. 주기적으로 받아쓰기만 해도 앞서 언급한 문법 구조, 어휘력, 표현력을 따로 신경 쓸 필요 없이 자연스럽게 얻을 수 있다. 여기에 더 신경 쓸 여력이 있다면 받아쓰기 과제를 이용해 아이의 학습 습관을 잡아보자. 학교 과제를 우선하여 해결하고 작은 시험에도 최선을 다하는 태도가 이때부터 형성되면 좋기 때문이다.

학습은 반복이 가장 중요하다. 예습(시험 준비)은 2~3회 정도 나눠서 반복할 수 있게 시간표를 짜주고, 복습은 틀린 문장을 여러 번 반복한다. 이어서 나오는 표는 받아쓰기 시험을 보는 날이 월요일이라고 가정하고 구성해본 받아쓰기 학습표다. '누가 받아쓰기를 저렇게까지 준비해?'라는 생각이 들 수도 있다. 물론 나도 저렇게까지 준비하지 않았다. 그런데도 이 학습표를 제시하는 이

[받아쓰기 학습표]

구분	월요일	수요일	일요일
1주 차	☐ 1주 차 시험 (오답 수/전체 문항 수: /) ☐ 1주 차 오답 2번씩 쓰기 ☐ 2주 차 연습 없이 받아쓰기 ☐ 2주 차 틀린 부분에 색칠하기	☐ 1주 차 오답 2번씩 쓰기 ☐ 2주 차 색칠된 부분만 연습하고 받아쓰기 ☐ 2주 차 오답 3번씩 쓰기	☐ 1주 차 오답 2번씩 쓰기 ☐ 2주 차 전체 받아쓰기 실전 연습
2주 차	☐ 2주 차 시험 (오답 수/전체 문항 수: /) ☐ 2주 차 오답 2번씩 쓰기 ☐ 3주 차 연습 없이 받아쓰기 ☐ 3주 차 틀린 부분에 색칠하기	☐ 1, 2주 차 오답 2번씩 쓰기 ☐ 3주 차 색칠된 부분만 연습하고 받아쓰기 ☐ 3주 차 오답 3번씩 쓰기	☐ 1, 2주 차 오답 1번씩 쓰기 ☐ 3주 차 전체 받아쓰기 실전 연습
3주 차	☐ 3주 차 시험 (오답 수/전체 문항 수: /) ☐ 3주 차 오답 2번씩 쓰기 ☐ 4주 차 연습 없이 받아쓰기 ☐ 4주 차 틀린 부분에 색칠하기	☐ 1~3주 차 오답 2번씩 쓰기 ☐ 4주 차 색칠된 부분만 연습하고 받아쓰기 ☐ 4주 차 오답 3번씩 쓰기	☐ 1~3주 차 오답 1번씩 쓰기 ☐ 4주 차 전체 받아쓰기 실전 연습
4주 차	☐ 4주 차 시험 (오답 수/전체 문항 수: /) ☐ 4주 차 오답 2번씩 쓰기 ☐ 5주 차 연습 없이 받아쓰기 ☐ 5주 차 틀린 부분에 색칠하기	☐ 1~4주 차 오답 2번씩 쓰기 ☐ 5주 차 색칠된 부분만 연습하고 받아쓰기 ☐ 5주 차 오답 3번씩 쓰기	☐ 1~4주 차 오답 1번씩 쓰기 ☐ 5주 차 전체 받아쓰기 실전 연습

QR 코드를 스캔하여
표를 다운로드받아 활용하세요.

유는 어떤 시험을 준비하든 똑같이 적용할 수 있는 템플릿이기 때문이다. 시험이 쉽더라도 '반복'하고 '완벽'을 기하는 태도는 저학년 때부터 강조해야 한다.

학교에서 따로 받아쓰기를 하지 않는다면 그림책 필사를 추천한다. 그림책에는 다양한 의성어와 의태어가 사용되어 표현법을 익히는 데 도움이 된다. 또 전체 글의 양이 많지 않아 부담이 적다. 단, 읽기의 즐거움이 훼손될 수 있으니 주의해야 한다. 아이들은 대부분 글씨 쓰기를 싫어한다. 아이를 억지로 앉혀놓으면 쓰기뿐만 아니라 읽기까지 부정적 정서가 형성될 수 있다.

필사할 그림책은 아이가 스스로 고르게 하자. 선택권을 가졌다는 생각이 들어야 실천이 수월하다. 그림책의 글밥도 부담된다면 가장 마음에 드는 1쪽만 쓰기, 가장 마음에 드는 문장만 쓰기 등 다양한 변형을 시도해볼 수 있다. 아이의 성향이나 그날의 기분에 따라 범위를 조정하자. 그러다 보면 매번 조율하는 과정이 괴로울 수도 있다. 그럴 땐 동시집의 활용도 좋은 대안이다. 그렇다고 처음부터 동시집으로 시작하지는 말고 아이가 힘들어할 때 바꿔주자. 이미 한번 협상한 결과라는 점을 강조해야 쓰기 습관을 유지하기가 쉽기 때문이다. 모든 아이가 필사를 싫어하지는 않는다. 오히려 그 과정에 너무 몰입해서 답답한 아이도 있다. 필사하다가 그림까지 베껴 그리겠다고 하거나 글씨의 모양이 마음에 들 때까지 지우고 쓰기를 반복하기도 한다. 그러면 시간이 아깝다는 생각이 드는 날도 있을 것이다. 그래도 가능하다면 충분히 즐길 수 있는 시간을 주길 바란다. 글과 그림을 따라 쓰고 그리는 것, 그 자체로 아이가 책을 즐기고 있는 셈이다. 즐기며 익힌 문장은 머리가 아닌 가슴에 새겨진다.

==그림책을 고르고 범위를 정하는 수고로움을 감당할 여유가 없을 때도 있다. 그럴 때는 시판 받아쓰기 교재를 활용한다.== 어떤 교재를 사용해도 무관하다. 교재는 맞춤법을 꾸준히 연습할 수 있는 도구일 뿐이다. '어떤 교재'인가 내용보다는 '어떻게 꾸준히 할 수 있느냐'가 중요하다. 그러므로 아이가 마음에 들어 하는 교재를 스스로 고르게 하자. 그리고 교재를 끝냈을 때 어떤 포상을 할 것인지 미리 약속하자. 표지에 보상의 내용을 굵은 매직으로 써 놓으면 하기 싫은 마음을 다스리는 데 도움이 된다. 아이와 함께 고르기 어려운 상황이라면 다음과 같이 2가지 교재를 추천한다. 교재를 사용했을 때의 장점은 발음 규칙에 대한 설명을 겸한다는 것이다. 음절 끝소리 규칙, 된소리되기, 구개음화 등 발음 규칙에 따라 단원이 나뉘어 있다. 또 받침이 있는 글자를 읽을 때 소리가 이동하는 원리를 그림으로 표현해서 이해를 돕는다. 예를 들어 '옆'은 음절 끝소리 규칙에 따라 'ㅍ'이 'ㅂ'으로 바뀌어 [엽]으로 소리가 난다. 그런데 '옆에'처럼 뒤에 초성이 없는 조사가 붙으면 'ㅍ'을 연음하여 [여페]로 소리가 난다. 이런 원리는 중등 국어 문

〔아하 한글 받아쓰기〕 전 3권, 창비교육   〔기적의 받아쓰기〕 전 4권, 길벗스쿨

법에서 다루므로 초등 1~2학년이 암기할 필요는 없다. 하지만 받아쓰기를 통해 정확한 언어 습관이 형성되면 당연하게 문법이 쉬워진다.

〔아하 한글 받아쓰기〕는 편집이 시원하고 그림이 많은 부분을 차지한다. 1쪽에 담긴 내용이 적어 하루 분량 역시 부담이 없다. 미리 준비하는 7세 또는 쓰기에 거부감이 큰 1학년에게 권한다. 〔기적의 받아쓰기〕는 학습서 느낌이 강하다. 총 40단계로 일주일에 1번 풀면 10개월이 소요된다. 1년 프로젝트로 진행하면 부담 없이 장기 프로젝트를 해냈다는 성취감을 느낄 수 있다.

방법 ② 일기 쓰기

일기 쓰기는 어떤 방식으로든 최대한 오래 이어가면 좋다. 일기 쓰기는 왜 중요할까? 일기 쓰기는 문해력 향상을 위한 기초 훈련이자 아이의 내면 성찰과 성장의 계기가 되기 때문이다. 일기 쓰기는 단순히 날짜와 날씨, 오늘 있었던 일을 나열하는 형식의 글이 아니다. 주제를 선정하고, 사건을 쪼개어 순서를 정리하며, 사건의 의미를 생각하여 이 모든 것을 글로 표현하는 단계를 거친다. 이 과정에서 문장 구성, 맞춤법, 띄어쓰기, 표현력 등 기능적 향상은 물론이고, 사고력과 논리력, 자기 성찰 등 정서적 성장까지 일어난다.

그런데 언제부턴가 학교에서 일기 쓰기 숙제가 사라지고 있다. 사생활이 그대로 노출된다는 문제점, 형식적인 과제가 된다는 우려, 평가의 어려움 등 여러 영향이다. 사생활이 노출되지 않는 주제 일기로 방향을 바꿔 글쓰기를 이끌어주는 선생님도 많다. 하지만 이 역시 담임 선생님의 재량이다. 앞서 언급했지만 일기 쓰기까지 챙겨주는 담임 선생님을 만나면 100번 감사하자. 학교 숙제로 일기를 써야 한다면 그것만큼은 정성껏 쓸 수 있게 도와주자. 당연히 학교 숙제가 아니더라도 일기는 꾸준히 쓰도록 지도하면 좋다. 계속해서 자신의 생각을 글로 표현하면 특별한 피드백이 없어도 더 좋은 글을 쓰게 된다. 뭐든지 똑같다. 글쓰기 역시 반복하면 실력이 향상된다. 하지만 집에서 아이에게 일기를 쓰게 하려면 에너지가 많이 든다. 왜 써야 하는지부터 설득해야 하니 일기의 질을 향상하기 위한 노력을 하기도 전에 힘이 다 빠진다.

어떻게 하면 아이가 집에서도 일기 쓰기를 지속할 수 있을까? 아이들이 일기 쓰기를 힘들어하는 이유는 글씨 쓰기가 싫어서, 소재 찾기가 어려워서, 맞춤법을 틀리면 혼나니까, 멋진 표현을 쓰고 싶은데 방법을 몰라서, 비슷한 형식이 반복되는 게 지루해서 등이다. 이와 같은 문제를 해결하는 방법을 찾으면 일기 쓰기를 지속할 수 있다.

첫 번째 방법은 글씨를 대신 써주는 것이다. 글씨를 쓰는 행위 자체를 싫어하는 아이들이 정말 많다. 정말 글씨를 쓰는 행위가 문제라면 엄마(아빠)가 대신 글씨를 써준다고 할 때 아이가 일기의 내용을 술술 불러줄 것이다. 아이의 말을 받아쓰면서 "아이고, 너무 빨라. 내 글씨가 못 생겨졌어" 하고 엄살을 부리면 아이는 더욱 신나 할지도 모른다. 이렇게 3~4번 대신 써주다가 대신 써주는 양을 조금씩 줄여보자. 첫 문장만 써주기, 번갈아 한 문장씩 쓰기 등 다양한 방식을 시도하자. 이때 문장이나 내용의 완성도는 욕심내지 말자. 쓰는 습관을 들이는 것이 우선이기 때문이다. 일기 쓰기를 저항 없이 시작하는 시점이 오면 슬슬 아이에게 주도권을 넘긴다. "오늘은 설거지가 너무 많이 쌓였다. 엄마 설거지하는 동안 옆에서 써볼까? 설거지 끝나면 나머지는 엄마가 도와줄게"라고 말하고 그릇을 일부러 천천히 정성스럽게 닦자. 어느새 일기 쓰기를 먼저 끝내고 읽어보라고 재촉하는 아이를 만날 수 있을 것이다. 손힘이 약해서 물리적으로 글씨 쓰기를 힘들어하는 경우라면 해결책이 다르다. 선 긋기, 가위질하기, 종이접기 등의 활동을 병행하여 근육을 단련시켜줘야 한다. 성장한다고 저절로 좋아지지 않는다. 앞서 말한 소근육 활동은 부가적인 도움이 될 뿐 근본적인 문제를 해결해주지는 않는다. 연필을 바르게 잡고 글씨를 바르게 쓰는 연습은 꼭 필요하다.

==두 번째 방법은 소재를 함께 찾아주는 것이다.== 아이의 하루를 덩어리로 쪼개보자. 아침, 점심, 저녁. 여기서 다시 일정 단위로 쪼개본다. 아침 식사와 등교, 점심 식사와 하교, 학원과 간식, 저녁 식사와 휴식. 그다음에는 시간 단위로 쪼갠다. 쪼개고 또 쪼개 보면 오늘 특별히 기억에 남는 일이 분명히 있다. 예를 들어 오늘 기억에 남는 일이 급식 메뉴라면 그 사건에 대해서만 하나의 글을 써보는 것이다. 다음은 초등 2학년 아이의 글이다. 급식 메뉴에 대한 기대감, 특별 메뉴가 나오는 수요일의 설렘, 언니나 오빠와는 달리 편식하지 않는다는 점을 독자(부모님)에게 어필하는 센스까지 겸비했다.

오늘 급식엔 무엇이 나올까? 매일 3교시가 끝날 때쯤엔 궁금해서 마음이 설렌다. 특히 매주 수요일에는 맛있는 것들만 나와서 오늘도 급식을 수프까지 싹싹 정말 맛있게 먹었다. 오늘 급식은 토마토 스파게티, 옥수수 수프, 치킨, 샐러드, 김치였다. 언니랑 오빠는 토마토를 싫어하지만 나는 토마토가 제일 좋다. 오늘 급식이 나에게

는 정말 맛있었다. 내일도 토마토가 나오기를 ♡

    이렇게 학교에서 먹은 급식만으로도 충분히 일기 한 편을 쓸 수 있다. 꼭 여행이나 체험을 하지 않아도 글쓰기의 소재는 어디에나 있다. 글감 찾기는 나의 일상을 자세히 관찰하는 일에서부터 시작된다. 이렇게 일상을 쪼개다 보면 오늘의 일기가 여러 개 나올 수도 있다. 사건마다 나눠 쓰면 자연스럽게 하나의 글에서는 하나의 이야기만 해야 한다는 사실을 알 수 있다. 주제가 있는 글쓰기가 되는 셈이다.
    사건의 내용에 따라 2가지 사건이 하나의 글로 연결되기도 한다. 오늘 일어났던 2가지 사건일 수도 있고, 과거에 일어났던 사건과 오늘의 사건이 연속성을 띨 수도 있다. 다음은 아이와 과거에 했던 대화를 바탕으로 재구성한 일기다.

아, 정말. 콩나물국이라니! 오늘 점심 급식도 콩나물국이었다. 이건 정말 너무하다. 엄마는 지난주에도 급식에 된장국이 나온 날에 된장찌개를 끓였다. 식단표를 인쇄해서 싱크대 옆에 붙여두었다. 내가 이렇게까지 해줬는데. 나보고는 문제를 똑바로 읽으라면서, 엄마는 왜 급식 식단표를 제대로 읽지 않지? 너무 화가 난다. 또 메뉴가 겹치면, 어쩔 수 없다. 이제는 복수다. 나도 문제를 읽지 않고 답을 쓸 거다!

사소한 사건도 자신의 생각과 감정을 담으면 멋진 글이 된다. 이렇게 글을 쓰는 경험을 1~2번만 해도 일기의 소재를 찾기가 수월해진다. 다음은 이런 과정을 통해 조금 더 발전한 3학년의 일기다.

할머니, 할아버지 집에서 일주일 동안 있었다. 매일매일 보름이와 산책을 하려고 했지만, 햇볕이 너무 뜨거워 못 하고 말았다. 하지만 마지막 날에는 해야겠다 싶어 만반의 준비를 하고 보름이와 산책하러 나갔다. 하지만 중간에 너무 힘들어서 집으로 갔다. 가는 도중 두더지를 만났다. 사진으로만 보던 두더지를 실제로 보다니……. 신기하면서 재미있었다. 집에 도착하니 할머니가 왜 할아버지와 안 왔냐고 물어보셨다. 난 중간에 힘들어서 돌아왔다고 말씀드렸다. 할머니는 나를 걱정해주심과 동시에 할아버지를 원망하셨다. 할아버지가 삐져서 말 한마디 안 하셨다. 그럴 거면 보름이와 산책하러 왜 나갔냐고, 차라리 집에서 자라고 말씀하셨다. 집에 도착하니 보름이가 그리웠다. 다음에 가면 꼭 산책을 더 많이 해야겠다.

세 번째 방법은 맞춤법과 띄어쓰기, 그리고 바른 글씨로부터 자유로워지는 것이다. 누가? 엄마(아빠)가 자유로워져야 한다. 아이들은 이미 자유롭다. 아이들이 쓴 글을 보면 귀엽고 기특하기도 하지만 맞춤법과 글씨체 때문에 한숨이 푹푹 난다. 하지만 아이는 쓰기 싫은 일기를 억지로 쓰고 있다. 여기에 맞춤법과 글씨체까지 지적하며 잔소리하기 시작하면 일기 쓰는 시간은 서로에게 고통이 되어버린다. 현실적인 타협점이 필요하다. 일기 쓰기에서는 과감히 맞춤법을 포기하자. 그런데 꾹꾹 참다가도 "여기 이 글자만 고치자"라고 말하는 순간이 온다. 입만 닫아서 해결이 안 된다면 눈도 감아버리자. 내 눈에 안 보이면 행복할 수 있다. "우아, 벌써 일기 다 썼어? 최고! 최고! 어서 자자"라고 말하고 그냥 누워버리면 일기 쓰기 시간이 행복하게 마무리된다. 내용이 너무 궁금하면 아이에게 읽어달라고 해도 좋다. 맞춤법은 아이가 먼저 물어볼 때만 알려주자. 받아쓰기에서도 계속 연습하고 있고 아직 1~2학년이니 차차 개선될 것이다.

　바른 글씨 역시 욕심을 버리자. 글씨로 싸우다가 일기를 쓸 수 없는 지경에 이르기도 한다. "아니야. 다시 써", "여전히 아니야. 여기는 이렇게 붙어 있어야지. 이게 'ㄹ'이야? 'ㄱ'과 'ㄷ'처럼 보이잖아", "휴… 제대로 쓸 때까지 지울 거야. 다시 써"… 이러다 아이는 울고, 부모는 울화통이 치밀고, 일기는 못 쓰고, 그렇게 잠드는 날이 이어진다. 그렇다. 경험담이다. 목적이 바른 글씨 연습이 아니라 일기 쓰기라는 사실을 잊지 말자. 그런데 아이에 따라서는 의외로 바른 글씨가 어떤 형태인지 몰라서 쓰지 못하기도 한다. 한글을 처음 배울 때 익혔다면 좋은 부분이지만 지금도 늦지 않았다. 아이가 전혀 감을 못 잡는다면 글씨 교정 책을 사서 한 차례

《하유정쌤의 초등 바른 글씨 트레이닝 북》
하유정, 한빛라이프

《뚝딱! 저학년 바른 글씨》
이유미, 서사원주니어

연습해도 좋다. 또박또박 바른 글씨에 방청객 반응을 하는 것도 잊지 말자.

네 번째 방법은 다양한 표현과 어휘를 구사하기 위한 목표를 설정하는 것이다. 글씨 쓰기에 익숙해지고 일기 쓰기에 거부감이 사라지면 질의 향상을 노릴 때가 되었다. 단, 한번에 하나씩만 개선하자. 하나를 반복해서 연습하면 실력이 빠르게 향상되므로 아이가 스스로 자신의 글이 변화하고 있다고 느낀다. 2개월을 기준으로 하나의 표현법을 반복해서 연습해보자. 첫 2개월은 날씨 표현 재미있게 하기, 그다음 2개월은 의성어·의태어 활용한 문장 1개 쓰기, 또 그다음 2개월은 속담을 활용한 문장 1개 쓰기 등 다양하게 적용할 수 있다.

예를 들어 2개월간 날씨 표현 재미있게 하기에 집중한다면 다음과 같이 시도해볼 수 있다. '해가 너무 열심히 일해서 놀이터에

못 간 날', '빗방울이 창문을 두드린다. 두두두두두', '미세 먼지야, 내 체육 시간 돌려줘!', '비야, 이제 좀 쉴 때도 되지 않았니?' 등으로 날씨를 표현해보는 것이다. 이때〔일기 쓰기 재미 사전〕을 활용하면 좋다. 나도 처음에는 아이한테 이 책에 나온 날씨 표현 중 원하는 것을 베껴 쓰게 했다. 2~3번만 해도 아이가 스스로 더 재미있는 표현을 만들고 싶어 한다.

〔일기 쓰기 재미 사전〕
전 2권, 고래책빵

　의성어·의태어를 사용한 문장 쓰기를 목표로 설정했다면 다음과 같은 일기를 쓸 수 있다. 설명을 위해 예시로 쓴 일기이니 아이에게 이 정도 수준을 기대하지는 말자. 몇 번 연습하다 보면 어느 순간 재미가 붙어 모든 문장에 의성어·의태어를 넣어 표현하고 싶어 할 것이다.

화난 엄마의 코에서 쌔애액 쌔애액 소리가 났다. 이제 곧 언니가 "흐으으윽, 꺽! 흐으으윽, 꺽!" 하고 울기 시작할 것이다. 나는 불똥이 내게 화르르 옮겨 올까 무서웠다. 그래서 뒤꿈치를 들고 살금살금 내 방으로 들어갔다. 이불을 휙 하고 뒤집어쓰니 마음이 한결 편안해졌다.

다섯 번째 방법은 다양한 형식을 제안하는 것이다. 물론 일상에서 사소한 사건을 글감으로 찾아내는 일은 중요하지만, 비슷한 형식만 반복하면 지루할 수 있다. '~일기'라고 자유롭게 붙일 수 있으므로 다양한 형식을 제공하면 일기 쓰기에 활력이 생긴다. 감사 일기, 관찰 일기, 체험 일기, 수학 일기 등 일상에서 이미 하는 활동을 글감으로 가져오자. 예를 들어 감사 일기를 쓰기로 했다면 감사한 대상과 사건에 관해 대화를 나눈다. 대화 과정에서 생각은 정리되고 감정은 풍부해진다. 충분히 대화를 나누면 쉽게 문장을 써 내려갈 수 있다. 다음은 3학년 아이가 쓴 감사 일기다. 아이의 마음속에 부모의 추측보다 깊은 사랑이 자리한다는 사실을 느낄 수 있다.

> 할머니, 제가 갈 때마다 항상 진수성찬을 차려주셔서 감사해요. 배부르다고 말하면, 아빠와 달리 체할 수 있다고 걱정도 해주시고요. 또 아빠와 언니가 제가 말이 많다고 구박하면 할머니는 "말 많은 게 복이야!"라고 저에게 용기를 주시잖아요. 항상 감사해요.

관찰 일기는 반려동물이나 식물을 관찰해서 쓴다. 혹시 반려동물이나 식물이 없다면 '엄마가 저녁 식사를 준비하는 과정', '아빠가 화장실 청소를 하는 과정' 등 가족의 행동을 관찰해서 쓰는 방법도 좋다. 또는 스무고개 형식으로 대상을 설명하는 글쓰기도 재미있다. 다음은 2학년이 쓴 스무고개 형식의 일기와 관찰 일기의 예시다.

나는 무엇일까요? 나는 굴러갈 수도 정지할 수도 있어요. 겉과 속이 아주 다르답니다. 속이 훨씬 더 달콤하죠. 참, 손톱이 노랗게 변할 수도 있으니 저를 먹을 때는 조심하세요. 나는 무엇일까요?

답: 귤

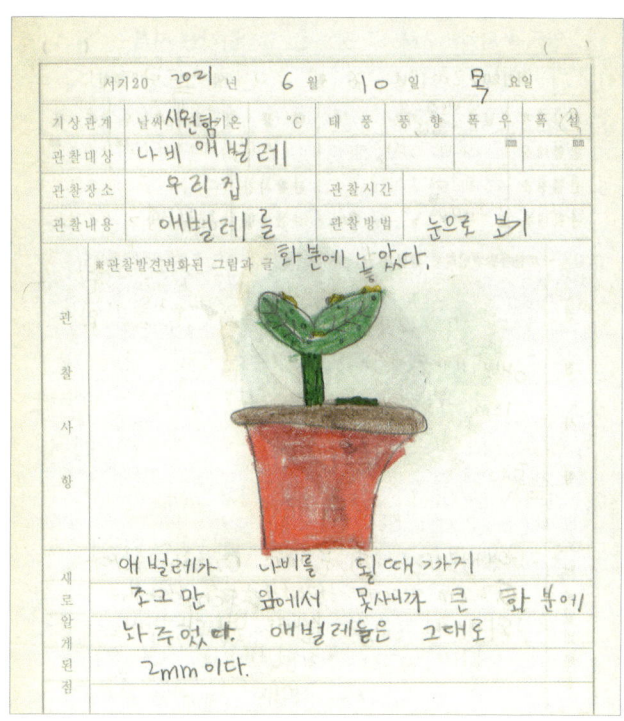

📖 화분 속 나비 애벌레를 살펴보고 쓴 관찰 일기.

수학 일기, 과학 일기, 사회 일기 등은 학습 내용을 요약하고 새롭게 알게 된 점을 쓰면 된다. 대단한 학습 내용이 아니어도 괜찮다. 학습 필기 수준을 기대하지 말고 이렇게 일기의 소재로 활용해보자. 새로운 지식과 아이의 경험이 함께 녹아 있으면 충분하다. 다음은 2학년 아이가 쓴 수학 일기다.

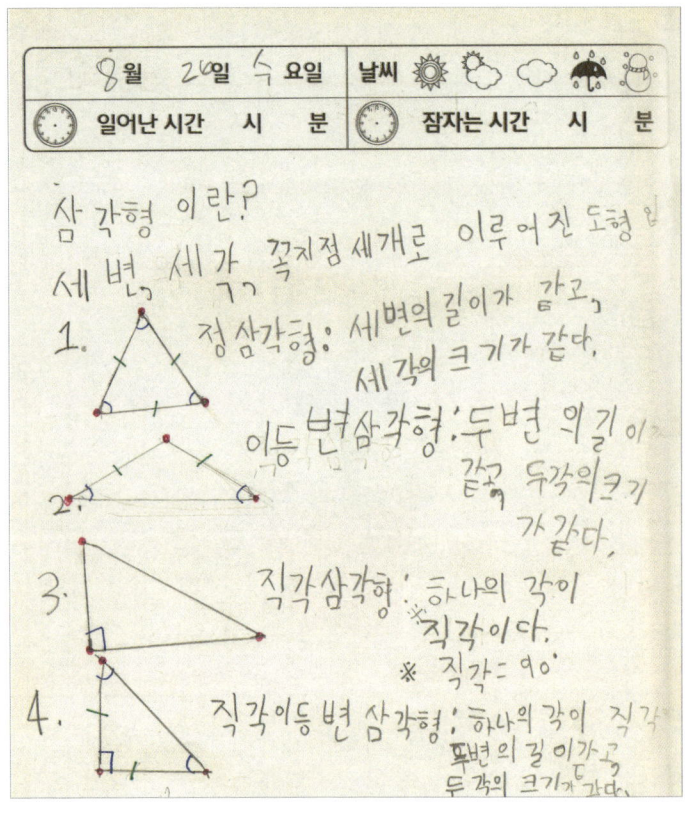

📖 여러 가지 삼각형의 특징을 정리한 수학 일기.

방법 ③ **속담 학습**

속담 학습은 단순한 어휘력 향상을 넘어 배경지식을 확장하고 사고에 깊이를 더한다. 속담은 예로부터 전해 내려온 말로 과거의 생활 도구나 문화, 행동을 바탕으로 만들어졌다. 따라서 문화적 배경을 이해해야 속담의 참뜻을 알 수 있다. 예를 들어 '호미로 막을 것을 가래로 막는다'라는 속담에서 '호미'와 '가래'는 아이들에게 생소하다. 농촌 경험이 적은 아이들에게 낯선 도구라서 그렇다. 호미와 가래의 생김새와 크기, 사용 방법을 모르면 뜻을 유추하기가 어렵다. 사진으로 그 모습을 보여주고 뜻을 이해하는 과정이 필요하다.

초등 2학년부터는 속담을 공부하면 효과적이다. 시각 자료를 찾아가며 속담을 하나하나 설명해줄 수 있는 부모는 흔치 않다. 만화책을 제공해서 속담을 가볍게 노출해보자. 방학을 이용하여 따라 쓰기 워크북을 풀어봐도 좋다. 3~4학년 때도 같은 방법으로 반복하며 속담의 정확한 뜻을 암기한

《읽으면서 바로 써먹는
어린이 속담》
한날, 파란정원

《읽으면서 바로 써먹는
어린이 속담 따라쓰기》
한날, 파란정원

《읽으면서 바로 써먹는
어린이 속담: 바이러스 편》
한날, 파란정원

《읽으면서 바로 써먹는
어린이 속담 따라쓰기:
바이러스 편》
한날, 파란정원

《휘리릭 초등 4문장
글쓰기: 속담 편》
손상민, 동양북스

다. 5~6학년 때는 글을 쓰면서 직접 속담을 활용해보기를 권한다. 특히 결론 문단에서 글을 마무리할 때 적절한 속담을 쓰면 화룡점정이 될 것이다. 함께 제시된 추천 도서 목록은 2~4학년에게 적합한 내용이다.

방법 ④ 어휘 정리

초등 1~2학년 시기에 본격적으로 어휘를 암기하기란 무리다. 하지만 책을 읽으면서 모르는 단어가 가장 많이 등장하는 때이기도 하다. 그렇기에 모르는 단어가 적고, 이해하기 쉬워서, 읽기에 흥미를 붙여주는 책부터 읽어야 한다. 이야기에 몰입하기 위해서는 사건의 배경과 인물의 상황을 정확하게 이해해야 하기 때문이다. 모르는 단어가 5개보다 많다면 아직 읽기 어려운 책이다. "편견은 무슨 뜻이에요? 아집은요? 고집이랑 뭐가 달라요?" 이어지는 질문에 부모도 질려버릴 수 있다.

그러면 모르는 어휘는 어떻게 공부해야 할까? 책을 읽으며 모르는 단어와 그 단어가 등장한 쪽수를 포스트잇에 적는다. 책을 읽다 말고 다른 행동을 하면 몰입에 방해가 되므로 단어와 쪽수만 적어두고 책을 끝까지 읽는다. 다 읽은 뒤 사전에서 단어의 뜻을 찾아 포스트잇에 함께 적은 다음, 해당 단어가 사용되었던 책 속의 문장을 다시 읽어본다. 이야기를 읽을 때 유추했던 뜻이 맞는지 확인하면 끝이다. 아직은 강제로 암기까지 할 필요가 없다. 이 시기에 책을 통해 습득하는 단어는 일상어이므로 앞으로도 계속 접하게 된다. 교과서, 다른 도서, 일상생활에서 반복해서 접하면 자연스럽게 기억할 수 있다. 그러니 뜻을 한번 써본다는 행위에 초점을 두자. 습관을 만들어가는 과정인 셈이다.

어휘를 정리할 때 단어장을 따로 만들지 않고 책 표지에 붙이는 이유는 그 책을 다시 읽을 때 아이가 자신의 성장을 시각적으로 확인할 수 있기 때문이다. "엄마(아빠), 그땐 제가 이런 단어도 몰랐나 봐요"라고 깔깔거리는 순간이 바로 스스로 성장을 확인하고 뿌듯함을 느끼는 순간이다. 이런 성취감을 자주 느껴서 어휘 공부를 지속하는 게 포스트잇 활동의 목표다. 1~2학년은 반복 독서가 많은 시기이므로 특히 효과가 좋다. 또 나중에 책을 처분할 때 포스트잇만 따로 노트에 모아서 보관할 수도 있다. 빌린 책이라면 반납할 때 떼서 노트에 붙이면 된다. 처음부터 노트에 쓰면 되지 않느냐고 생각하는 분이 있을 것이다. 노트에 쓰기를 권하지 않는 이유는 훨씬 학습처럼 느껴지기 때문이다. 아이들은 작은 소품의 변화에도 마음이 쉽게 움직인다. 노트보다는 포스트잇을 대하는 마음이 가볍다.

책 1권에서 모든 단어를 뽑아 먹겠다는 욕심은 버리자. "아니, 그러면 빨리 외워버리고 다음 단계 책으로 넘어가면 되는 거 아닌가요?"라는 생각이 들 수도 있다. 제발 평정심을 잃지 말자. 아직 1~2학년이다. 비슷한 단계의 책에서는 등장하는 어휘도 비슷하다. 다양하게, 그리고 자연스럽게 읽으면서 어휘를 힘들지 않게 습득할 수 있다는 점을 기억하자.

추천 도서:
전래 동화와 학교생활 동화

✦ 전래 동화

전래 동화는 한국인의 상식이다. 수업 중 《심청전》과 《토끼전》을 구분하지 못하는 5학년 학생으로 인해 정말 놀란 일이 있었다. 둘 다 물이 등장하니까 비슷하지 않냐는 말에 입을 다물 수가 없었다. 전래 동화는 그저 오래된 옛이야기가 아니다. 오랜 기간 구전으로 이어져왔다는 것은 이미 많은 사람에게 검증된 이야기라는 의미다. 잔인한 장면 때문에 꺼리기도 하는데, 어른들의 우려와는 달리 아이들은 그저 이야기의 맥락 안에서 즐길 뿐이다. 호랑이 뱃속에서 불을 피우고 칼로 뱃살을 도려내어 구워 먹는 이야기는 커다란 수박 수영장에서 워터 슬라이드를 타고 노는 이야기와 마찬가지로 비현실적이다. 아이들은 이야기와 현실을 충분히 구분할 수 있다.

또 전래 동화는 선악과 시비 판단의 기준을 명확하게 제시한다. 전래 동화를 관통하는 주제가 '권선징악勸善懲惡'이기 때문이다. 착한 흥부가 돈벼락을 맞고, 심술궂은 놀부가 똥벼락을 맞을 때 아이들은 카타르시스를 느낀다. 도덕적 기준을 세워가는 시기에 맞춤형 도서인 셈이다. 물론 전래 동화의 내용이 현실의 이치와 다르다는 의견도 있다. "세상이 진짜 권선징악에 의해 돌아가나? 현실에 없으니 이야기에 등장하지 않겠나? 학교 폭력 피해자는 심리 상담까지 다니며 힘들어하는데, 가해자는 전학 가서 아무 일 없다는 듯이 잘 살더라", "흥부는 능력도 없으면서 자식을 왜 저렇게 많이 낳았나? 무책임하다", "갚을 능력도 안 되면서 매일 쌀을 빌려달라고 하면 그게 빌리는 거냐, 빼앗는 거지. 끊임없이 도와줄 수 있는 사람은 없다. 놀부의 입장에 공감한다"와 같이 비판적 사고를 해보는 것도 재미있다. 하지만 관점을 바꿔 생각하기 위해서는 먼저 아이 내면에 자기만의 도덕 기준이 온전히 서야 한다. 1~2학년은 원전의 내용을 정확하게 파악하며 이야기 그 자체를 즐기는 시기다.

그리고 전래 동화는 학습을 위한 배경지식이 된다. 전래 동화에 등장하는 의식주의 형태와 언어, 풍습은 아이가 우리나라의 문화와 역사를 자연스럽게 받아들일 수 있게 도와준다. "구들장 같은 건 본 적도 없어요"라고 말하던 아이에게 "아들이 방귀 공격을 받아 아궁이 입구로 들어가서 구들장을 지나 굴뚝으로 나왔잖아. 굴뚝 끝에 껴서 얼굴만 내놓고 있던 그림 기억나?"라고 질문할 수 있는 책이 전래 동화다. 〔이야기 꽃할망〕의 《방귀 시합》에는 아들이 방귀 바람에 밀려가는 이야기 뒤에 아궁이부터 굴뚝까지 이어진 구들장의 구조가 삽화로 그려져 있다. "칼을 목에 왜 차요? 식칼을 목에 걸어요?"라고 말하던 아이도 칼은 《춘향전》의 춘향이가 감옥에서 목에 끼고 있던 기다란 나무라고 설명하면 "아~!" 하고 이해한다. 전래 동화 속 삽화를 통한 시각 경험이 기억에 남아 학습을 돕는 것이다.

마지막으로 전래 동화는 앞으로 읽어야 할 중고등 필독서를 이해하기 위한 초석이다. 가장 폭넓게는 고등학교에서 배울 한국 고전과 맞닿아 있다. 전래 동화의 《효녀 심청》은 《심청전》으로, 《토끼와 자라》는 《토끼전》으로 만난다. 이야기를 즐기며 자연스럽게 우리나라의 문화와 역사를 익히는 것이다. 특히 영어 유치원을 졸업했거나 해외 거주 이력이 있는 친구들은 이를 빼서 지붕 위로 던지는 우리 문화보다 tooth fairy(이 요정)의 surprise present(깜짝 선물)가 익숙하다. 서양 할아버지(산타 할아버지)는 착하고, 동양 할아버지(망태기 할아버지)는 나쁘다는 우리 아이들, 이대로 괜찮을까? 2번, 3번 강조한다. 전래 동화는 꼭 읽자.

이야기 꽃할망
전 91권, 그레이트북스, 전집 구매만 가능

익살맞은 그림체가 전래 동화의 내용과 잘 어울려서 마음에 들었던 전집이다. 나는 전래 동화를 특히 좋아해서 다른 전집도 함께 활용했다. 도서관에서 같은 제목의 이야기를 빌려 비교해서 읽히기도 하고, 전집 대여 서비스를 이용해서 〔이야기 꽃할망〕과 겹치지 않는 이야기만 골라 보여주기도 했다. 이야기의 내용은 같으니 취향에 따라 구매하기를 권한다. 〔요술항아리〕(아람), 〔호야·토야의 옛날이야기〕(교원) 등 유아용 전래 동화 전집은 다양하다. 부모가 읽어줘야 하는 시기라면 부모 취향에 따라, 아이가 스스로 읽는 시기라면 아이 취향에 따라 구매하자.

국시꼬랭이 동네
전 20권, 사파리

아이스께끼, 막걸리 심부름, 뒷간 귀신, 오줌 싸면 키를 쓰고 소금을 얻으러 다니기 등 부모에게도 생소한 문화가 많이 등장한다. 아이가 엄마(아빠)도 어릴 때 이런 적이 있었냐고 물으면, 엄마(아빠) 때 아니고 할머니(할아버지) 때라며 옥신각신하고 깔깔거리며 수차례 읽었던 책이다. 특히 《엄마 손은 약손》은 아이가 이마에 여드름이 올라오는 지금까지도 좋아한다. 내용에 열광할 리 없다. 책을 읽으며 "엄마 손은 약손~" 하고 노래 부르며 배를 문질러줬던 기억을 되새기는 것이다. 부모와의 교감이 책에 대한 긍정적인 정서를 형성한다는 사실을 잊지 말자.

솔거나라
전 35권, 보림

한지, 쪽빛, 항아리 등 문화유산과 관련된 소재도 있고, '단군 신화', '마고 할미' 등 한국 신화와 관련된 이야기도 있다. 특히 《갯벌이 좋아요》는 갯벌에 놀러 갈 때마다, 《오늘은 우리 집 김장하는 날》은 매해 김장을 할 때마다 톡톡히 활용한 책이다.

✦ 학교생활 동화

"네가 아기야? 이제 학교도 가는데, 그래서 어쩌려고 그래."

초등학교 입학 전 아이에게 입버릇처럼 하던 말이다. 반성한다. 7세는 아기가 맞다. 불안하고 혼란스러운 건 나였다. 나의 어린 시절과는 엄청나게 다를 것 같은 학교생활, 학부모 모임에 대한 괴담, 너무 나서기도 싫고 그렇다고 관심 없는 엄마로 보이기도 싫은 양가감정, 아이의 성취가 꼭 그간의 내 육아를 평가받는 듯한 불안감에 감정이 널뛰었다. 이럴수록 책으로 학교생활을 간접 체험하자. 초등학교 입학 전 아이의 호기심과 부모의 불안을 동시에 해결할 수 있다. 급식에서 못 먹는 반찬이 나왔을 때는 선생님에게 어떻게 말씀드려야 할지, 친구가 장난쳐서 기분이 나쁘다면 어떻게 대응해야 할지 등 책을 읽으면서 도움이 될 만한 조언을 해줄 수 있다. 학교생활을 소재로 한 책은 아이와 부모 모두에게 예습이다.

학교생활과 관련된 책의 소재는 다양하다. 그중 아이가 특별히 관심을 보이는 책이 있다면 어떤 부분에 호기심을 갖는지, 공감하는 인물이 있다면 왜 그런지 등을 물어보자. 문제 상황을 겪어도 집에 와서 시시콜콜 말하지 않는 아이의 경우 부모가 개입할 수 있는 적절한 시기를 놓치기도 한다.

"맞다. 우리 반에도 이름으로 놀리는 애가 있어. 나한테도 황소라고 놀렸어. 학교에서 집 앞까지 계속 따라왔어."
"그래서 어떻게 했어?"
"경비 아저씨가 대신 혼내주셔서 갔어."
"다행이네. 그럴 때는 주변에 있는 어른한테 바로 도와달라고 해. 그 친구는 성이 뭐야? 손? 그럼 손바닥이라고 할까? 또 괴롭히면 황소가 손바닥 물어버린다고 큰 소리로 말해봐."

특히 부모의 퇴근을 기다리는 아이는 학교에서 겪었던 감정을 바로 털어내기가 어렵다. 하교 후 부모의 퇴근까지 한나절이 지나면 불끈 솟구쳤던 감정이 식어버리기도 하고, 일과를 보내며 세부 내용을 잊어버리기도 하기 때문이다. 책을 통한 대화는 자연스럽게 아이의 학교생활과 관련된 정보를 파악하고 적절하게 대응할 기회를 만들어준다.

리더십 학교 가자
전 60권, 연두비

초등학교 입학 준비로 7세 겨울에 읽어볼 만한 전집이다. 줄 서기, 숙제 검사, 발표하기, 전학생, 별명 짓기 등 학교에서 경험할 법한 사건들을 중심으로 이야기가 구성되어 있다. 꼭 전권을 다 읽어야겠다고 다짐하지 말고, 1~2개월 정도 대여해서 읽기를 추천한다. 우리 집의 경우, 이 전집은 아이가 재미없어 보인다고 책을 펼쳐볼 생각도 하지 않았다. 표지 그림체에서 호감을 느끼지 못했던 것이었다. 그래서 잠자리 독서에서 읽어줬는데, 그때는 흥미롭게 내용을 듣기에 낭독 훈련용으로 사용했다. 잠자리 독서에서 4권을 읽어주고 1권을 낭독하도록 했다.

사계절 웃는 코끼리
전 28권, 사계절

그림책에서 문고판으로 넘어가는 시기에 가장 만만하게 읽을 수 있는 시리즈다. 삽화가 많아서 그림책처럼 그림으로도 흥미를 돋우고 이해를 돕는다. 그림을 읽어내는 것이 주요 활동인 그림책과는 달리, 이 시리즈처럼 문고판 동화에서 삽화는 이해를 돕는 역할만 한다. 글을 통해 내용을 이해하는 것이 더 중요한 형식이다. 그림책에서 문고판 동화로 이행하는 시기에 글밥이 적고 삽화가 많은 책은 아이가 가벼운 마음으로 글책에 다가갈 수 있게 도와준다. 60쪽 내외의 분량에 글씨도 크고 여백과 삽화가 많다. 편식과 칭찬, 화장실에 혼자 가기 싫은 마음 등 아이들이 공감할 만한 소재를 다루고 있어서 표지부터 아이들의 시선을 끈다.

병만이와 동만이 그리고 만만이
전 16권, 보리

〔사계절 웃는 코끼리〕와 비슷한 글밥 수준의 시리즈다. 한글을 뗀 뒤 읽기 독립까지의 기간은 생각보다 짧을 수도 길 수도 있다. 이와 비슷한 수준의 책이 더 많이 필요할 수도 있고, 생각보다 빠르게 이 시기를 지나기도 한다. 조바심을 내지 말고 아이가 독서 자체를 꾸준히 즐길 수 있는 환경을 만들자. 60쪽 수준의 단행본 읽기를 가볍게 느낀다거나 표지만 보고 흥미로워 보이는 책을 스스로 펼쳐보는 등 어느 순간 아이의 변화가 느껴지는 시점이 있을 것이다.

아이의 취향에 맞춰
책을 검색하는 방법

　　아이가 특별히 반복하는 책이 있다면 해당 작가의 다른 책을 검색해 보자. 도서 수준의 차이가 있다고 하더라도 책의 분위기가 비슷해 아이의 취향을 저격할 확률이 높다. 이때 아이가 해당 도서를 좋아하는 이유가 이야기 구성 때문인지, 삽화 때문인지, 주제 때문인지를 잘 살펴서 글 작가와 그림 작가를 각각 검색하자.

　　예를 들어 인터넷 서점에서 《나도 편식할 거야》를 검색하면 '유은실'이라는 글 작가 이름, '설은영'이라는 그림 작가 이름과 '사계절 웃는 코끼리 10'이라는 분류 기준이 보인다. (사계절 웃는 코끼리) 중에 10번째 책이라는 뜻이다. '유은실'을 클릭하면 같은 작가가 글을 쓴 다른 책을, '설은영'을 클릭하면 같은 작가가 그림을 그린 다른 책을 한번에 찾아볼 수 있다. '사계절 웃는 코끼리 10'을 클릭하면 해당 시리즈에 속한 도서 목록을 확인할 수 있다. 책을 출판하는 데에는 출판사의 개성이 반영되므로 같은 시리즈에 속한 도서는 비슷한 느낌일 확률이 높다. 즉, 해당 시리즈에 속한 다른 도서도 아이가 좋아할 확률이 높으니 같이 시도해보는 것이 좋다는 의미다. 이때 인터넷 서점의 미리 보기 기능으로 삽화의 느낌과 글밥 수준을 확인할 수는 있으나 다소 번거롭고 시간이 걸린다. 그래서 나는 도서관에서 한번에 많은 양의 책을 대출해오는 방법을 선호한다. 그중 읽을 책을 선택하는 것은 전적으로 아이의 몫이다.

아이의 관심사나 고민 유형을 파악했다면 이와 관련된 도서로 확장하자. 예를 들어 인터넷 서점에서 '급식'을 검색하면서 세부 조건으로 '어린이'를 선택한다. '1~2학년' 도서에서 5권, '3~4학년' 도서에서 5권 정도 책을 고른 뒤, 도서관 홈페이지에서 해당 도서가 있는지를 확인하고 한꺼번에 빌린다. 1~2학년 도서와 3~4학년 도서를 한번에 빌리는 이유는 단계 상향을 위한 미끼를 던지기 위해서다. 관심 분야에 대해서는 조금 어렵더라도 흥미를 느끼고 읽을 가능성이 조금이나마 크기 때문이다. 읽으면 기쁘고, 읽지 않아도 시도한 것만으로도 충분하다.

02
초등 3~4학년: 취미 독서 4시간 + 학습 독서 1시간 + 국어 학습 1시간

주력 목표:
독서 습관 붙잡기, 징검다리 독서, 취미 독서와 학습 독서의 구분

◆ 독서 습관을 꽉 붙잡는 방법 3가지

초등 3~4학년 시기의 가장 중요한 목표는 독서를 이어가는 것이다. 왜 이 시기에 독서 습관을 꽉 붙잡아야 할까? 부모의 기준이 흔들리기 시작하는 시기이기 때문이다. 읽기 독립에 열을 올리며 독서를 채찍질하던 부모가 어느샌가 변한다. 수학 선행 학습에 속도를 내기 시작하며 물리적으로 시간이 부족해진다. 특히 유명 수학 학원의 입학 테스트를 앞두고, 또는 입학 후 적응 과정에서 힘들어하는 가정이 많다. 이때 독서는 우선순위에서 저 뒤로 밀린다. '합격만 하면', '적응만 하면', '진도 어디까지만 끝내면' 그러면 책도 좀 읽어야지. 하지만 그날은 도저히 오지 않는다. 이렇게 부모의 기준이 흔들리면 아이의 습관이 무너진다.

아이는 부모의 변화에 민감하게 반응한다. 수학 문제집 밑에 책을 깔아놓고서라도 읽는다면 그동안 독서를 정말 잘해온 것이다. 설사 수학이 싫어서 책으로 도망갔다고 해도 말이다. 하지만 그 정도로 독서에 흥미를 느끼지 못했던 친구들은 이참에 독서를 손에서 놓아버린다. 한번 앉은 자리에서 수십 권을 읽어치우던, 탑처럼 쌓인 책 옆에서 뿌듯한 뒷모습을 보이던 우리 아이는 온데간데없이 사라진다. 아이를 흐뭇하게 바라보던 눈빛이 사라졌기 때문이다. 그래서 3~4학년 때 독서 습관을 유지하기 위해서는 무엇보다 부모의 결심이 필요하다. 아이의 독서 습관을 지키겠다는 다짐, 적어도 방해하지는 않겠다는 다짐 말이다.

독서 습관은 체화되어야 한다. 그래야 청소년기에도 독서를 지속할 수 있다. 부모는 청소년기를 맞이하며 아이와 서서히 멀어질 준비를 해야 한다. 이 시기에는 부모가 아이를 강력하게 이끌수록 아이는 더 멀리 튕겨 나간다. 작용-반작용의 법칙이다. 아이를 믿고 자율권을 보장하는 것이 최선이다. 상황이 이러하니 청소년기에 부모가 아이의 독서 습관을 형성해주는 일은 사실상 불가능에 가깝다. 물론 '부모의 개입'이 어려울 뿐, '새로운 습관 형성'은 여전히 가능하다. 인생의 어느 시점에라도 스스로 읽고자 한다면 독서를 시작할 수 있다. 하지만 그동안 책을 읽지 않던 아이가 청소년기에 자발적 독서를 시작할 확률은 낮다. 따라서 사춘기 전까지는 독서 습관을 형성하고 유지해야 한다.

몸에 밴 독서 습관은 혼란스러운 시기일수록 더욱 굳건히 중심을 지킨다. 누가 시키지 않아도 책에 몰입하여 감정을 치유하고 책에서 얻은 지혜를 삶에 적용한다. 아이의 손에 책이 있다면 안심하고 기다릴 수 있다. 부모와의 대화를 거부하더라도 책이 바른길로 인도해줄 테니 말이다. "하루라도 글을 읽지 않으면 입 안에 가시가 돋는다"라는 안중근 의사의 말처럼 독서를 며칠 쉬었다고 불편한 감정을 느끼는 사람은 흔치 않다. 이 정도 수준의 독서가를 키워내라는 것이 아니다. 독서를 하지 않으면 불편한 감정, 그 습관의 힘에 기대야 한다. 그날을 위해 아이의 독서를 위한 노력은 더는 힘이 닿지 않을 때까지 계속해야 한다. 그러니 지금 당장, 독서 습관을 체화할 수 있는 환경을 만들자.

첫째, 강제 독서 시간을 설정하자. 부모의 행동을 통제하기 위한 작업이다. 아이의 독서 시간을 부모가 나서서 방해하는 일이 자주 생기기 때문이다. "책 읽지 말고 숙제부터 해!"라고 말하면서 마음이 복잡하다. 독서가 그렇게 중요하다고 구구절절 이야기했는데 언행일치가 안 되는 내 모습이 가식으로 느껴지기도 한다. 하지만 이러한 반성도 잠시다. 숙제를 끝내고 책을 읽는 아이에게 "늦었어. 일단 자고 내일 읽어"라고 말한다. 그래서 부모의 행동부터 통제해야 한다. 부모는 강제로 독서 시간을 확보하고, 아이는 강제로 독서를 해야 한다. 함께 읽으면 금상첨화다. 당연히 앉아서 바로 집중하기는 어렵다. 아이가 앉아서 책 표지만 구경해도, 읽었는데 내용이 기억나지 않는다고 해도, 책을 손에 들고 딴소리만 해도 책을 읽었다고 인정해주자. 시작은 쉽게, 그리고 반복하며 강도를 조금씩 높여가야 습관이 잡힌다. 마치 독서학원에 다니는 것처럼 집에서도 정해진 시간에 독서를 시작하자. 이 시간만큼은 급한 과제가 있어도 독서부터 해야 한다.

==둘째, 독서 장소를 설정하자.== 책을 들고 침대에 누웠다가, 책상 아래에 들어갔다가, 소파에서 물구나무를 서다가, 싱크대 옆에 웅크리고 앉는다. 책을 읽으라고 하면 심심치 않게 벌어지는 광경이다. 놀자는 건지, 내 속을 긁겠다는 건지, 도무지 저 상태로 책에 집중한다는 사실을 믿을 수가 없다. 그래도 믿어주자. 가슴속이 뜨겁다면 얼음을 씹어 삼키더라도 말로 뱉어내지는 말자. 아직 습관을 형성하는 단계이니 충돌을 피하는 것이 목표 달성에 유리하다. 대신 독서 시간에는 항상 같은 장소에서 읽자고 약속하자. 어떤 장소, 어떤 자세인지는 아이에게 정하도록 선택권을 주자. 제한된 선택권이라도 스스로 선택했다는 감정이 아이를 저절로 행동하게 만들기 때문이다. 그 선택의 결과가 장롱 안의 이불을 다 꺼내놓고 그 안에 드러눕는 것이라도……. '읽었다'면 성공이다.

셋째, 독서 대상을 미리 정하자.

"이건 주인공이 안 예쁘고, 저건 제목이 마음에 안 들어. 이건 글씨가 너무 작고, 저건 엄마(아빠)가 고른 거라서 왠지 어려울 것 같아. 그냥 오늘은 읽고 싶은 게 하나도 없는데, 오늘만 그냥 읽지 말까?"

"집에 책이 이렇게 많은데 무슨 소리야! 아무거나 안 꺼내 와? 5까지 센다. 5, 4, 3, 2, 1. 야!"

대화가 이렇게 흘러가면 안 된다. 집에 있는 책이든, 도서관에서 빌린 책이든 미리 일주일 분량의 도서를 챙겨두자. 함께 고르고 나서 읽을 책은 아이가 결정해야 한다. 스스로 골랐더라도 마음에 들지 않을 수 있으니 여분까지 준비하자. 만약 5권을 읽을 예정이라면 8권은 준비해야 한다.

자, 이제 시간과 장소, 읽을 책이 모두 준비되었으니 독서를 하면 된다. 모든 사람이 책을 즐기는 것은 아니다. 그래야 할 필요도 없다. 하지만 아이를 평생 독자로 길러내려고 마음먹었다면 달라져야 한다. 분명한 목표를 세우고 구체적으로 노력하자. 막연한 희망은 이뤄질 수 없다. 아이를 평생 독자로 길러내기 위해서는 부모의 신념이 확고해야 한다. 부모의 노력으로 아이를 변화시킬 수 있는 아름다운 시대는 점점 저물어가고 있다. 아름다운 시대의 종말이 오기 전에 독서 습관을 꽉 붙잡아줘야 한다.

초등 3~4학년 때 독서 습관을 형성하지 못한다면 과연 기회가 없을까? 물론 그렇지 않다. 1~2학년 때 독서 습관을 형성하지 못했다면 3~4학년 때 독서 습관 형성을 시작하면 된다. 아이의 독서 정서가 부정적이라면 만만하고 재미있는 책에서 즐거움을 느끼게 도와주면 된다. 절대 늦었다는 생각은 하지 말자. 우리 아이는 이제 고작 10년 남짓 살았다. 그러니 골든 타임을 따지며 후회하거나 불안해하지 말고 그냥 시작하자. 아이의 인생에서 덜 중요한 시기는 없고, 그렇기에 노력을 하지 않아도 되는 때는 없다. 모든 건 할 수 있다고 믿을 때 이룰 수 있다.

독서 습관은 형성하기도 힘들지만, 유지하는 데도 상당한 노력이 필요하다. 시기마다 새로운 고비를 맞이한다. 유아기 아이들은 늘 새로운 이야기에 열광하고 부모와 함께하는 시간에서 사랑을 느낀다. 따라서 부모가 꾸준히 책 읽는 환경을 제공했다면 아이의 독서 정서가 긍정적일 것이다. 하지만 독서 정서가 긍정적이라고 해서 독서 습관이 저절로 형성되지는 않는다. 책이 좋기는 하지만, 놀이터는 더 좋다. 책이 재미있기는 하지만, 유튜브는 더 재미있다. 그러니 의도적인 노력 없이 독서 습관이 저절로 짠! 하고 생기는 일은 없다. 첫 번째 고비는 '읽기 독립'이다. 읽어주는 책을 듣는 건 재미있지만, 스스로 읽기는 싫다. 읽고 이해하고 재미를 느끼려면 노력해야 하기 때문이다. 여기서 책이 싫어질 수 있다. 두 번째 고비는 '글밥 늘리기'다. 그림책은 부담이 없는데 글자가 많아지면 싫다. 어려워 보이고 마음이 답답하다. 이 관문을 통과하지 못해도 책에서 멀어진다. 세 번째 고비는 '무관심'이다. 앞서 말한 것처럼 부모가 독서에 무관심해진다. 겉으로만 책을 읽으라고 말할 뿐, 책을 골라주지도 않고 책 읽을 시간도 주지 않는다. 세상에는 더 쉽고 더 재미있는 것이 많다. 유혹을 이기고 책을 선택하는 힘은 습관뿐이다. 그리고 습관은 의도적이고 의식적인 노력으로 형성 및 유지된다.

✦ 징검다리 독서의 필요조건 3가지

초등 3~4학년은 독서 발달의 전환점이 되는 시기로, 1~2학년의 기초 독서에서 5~6학년의 심화 독서로 이행하기 위한 징검다리 역할을 한다. 1~2학년의 독서는 문자 해독과 읽기 유창성에 집중한다. 글자에 익숙해지고 문장의 구조를 이해하며 이야기에 몰입하는 과정에서 읽기의 즐거움을 경험하는 것이 가장 중요하다. 5~6학년의 독서는 이미 독서 능력을 갖춘 상태에서 다양한 주제와 장르의 글을 접하고 내용을 분석하여 비판적으로 수용하는 능력을 향상해야 한다. 3~4학년의 독서는 이 두 과정을 원활하게 이어주는 징검다리의 역할을 한다.

==첫 번째 징검다리는 문학책으로 글밥을 늘리는 것이다.== 글밥을 늘린다는 것은 점점 더 긴 책을 읽을 수 있게 된다는 의미다. 하지

만 더 긴 책을 읽는다는 것이 단순히 많은 글자를 읽어낸다는 것을 뜻하지는 않는다. 긴 책을 읽기 위해서는 깊이 생각하고 내용을 구조적으로 이해하는 힘이 필요하기 때문이다. 책의 분량이 길어지면 등장인물의 수가 많아지고, 인물 간의 관계가 복잡해지며, 갈등의 구조나 사건의 흐름도 다양해진다. 예를 들어 1~2학년용 동화에서는 주인공이 문제를 겪고 해결하는 단순한 이야기 구조가 대부분이다. 하지만 〔해리 포터〕(문학수첩)와 같이 길고 내용이 많은 책에서는 여러 인물이 동시에 등장하고, 각각의 갈등과 사건이 얽혀 있으며, 내용을 이해하기 위해 앞뒤 맥락을 기억하고 연결하는 사고력이 필요하다. 인과 관계 파악, 인물의 감정과 동기 추측, 줄거리 정리, 주제 이해와 같은 다양한 사고 능력이 함께 자라나야 한다. 따라서 글밥을 늘리는 일은 점점 더 복잡한 사고가 필요한 독서를 통해 문해력을 향상하는 과정이다.

 그렇다면 글밥을 늘리는 일은 왜 문학책으로 해야 할까? 비문학보다 문학이 아이가 책에 몰입하기 쉽기 때문이다. 비문학은 정보 중심의 글이라 문장이 건조하고 주제가 단일한 경우가 많다. 아이의 관심사에서 벗어난 주제라면 읽기를 시작하기조차 힘들고, 행여 읽더라도 쉽게 지루함을 느끼게 된다. 반면에 문학은 이야기의 흐름을 따라가며 주인공의 상황에 몰입하면 뒷이야기가 궁금해 읽기를 멈출 수 없는 순간이 찾아온다. 이야기에 한번 빠지면 글의 길이는 중요하지 않다. 따라서 글밥을 늘리는 단계에서는 아이가 좋아하는 이야기를 중심으로 긴 글 읽기에 자신감을 심어줘야 한다.

글밥을 늘리기 전에 반드시 선행되어야 하는 조건이 있다. 바로 읽기 유창성 다지기다. 1~2학년 시기에 낭독 훈련을 충분히 했더라도 새로운 어휘와 배경지식이 필요한 글을 읽을 때는 읽기가 원활하지 않을 수 있다. 아이가 읽기를 망설이는 책이라면 어딘가 불편한 지점을 찾아야 한다. 그것이 책의 주제인지, 편집인지, 길이인지 알면 문제를 해결하기가 쉽다. 판단하기 어렵다면 일단 10쪽만 낭독하자고 구슬려보자. 이야기책은 전반부의 주요 내용이 인물 소개와 배경 설명이므로 첫 장부터 재미를 느끼기가 어렵다. 이 구간을 낭독 훈련용으로 지정하면 처음에는 억지로 읽기 시작해도 이야기에 몰입하는 순간을 더 쉽게 만날 수 있다. 몰입하기 시작하면 묵독을 허용하자. 이 방법도 통하지 않는다면 차라리 다른 책을 선택하자.

초등 3학년은 120쪽 내외의 동화책에 익숙해지는 것이 목표다. 100쪽에서 120쪽으로 넘어가는 과정은 크게 거부감이 없다. 단, 쪽수만 보지 말고 내부 편집까지 살펴보자. 글자 크기와 줄 간격, 글자 간격(자간), 삽화의 색 등 다양한 차이가 있다. 시각적으로 부담이 느껴지면 시작조차 거부할 수 있다. 조금 두껍더라도 여백이 넓고 그림이 많으면 독서를 시작하기 쉽다. 일단 쪽수를 늘려놓고, 여백이 적으면서 비슷한 쪽수의 책을 제공하자. 예를 들어 120쪽 분량에 익숙해진 아이가 150쪽에 도전한다고 할 때, 다음에 읽을 책으로 〔초등학생을 위한 세계 명작〕(은하수미디어)과 〔변호사 어벤저스〕(가나출판사)를 고려할 수 있다. 두 시리즈는 모두 150쪽 분량이다. 하지만 아이는 〔변호사 어벤저스〕를 훨씬 어렵게 느낀다. 이유는 편집에 있다. 〔초등학생을 위한 세계 명작〕은 평균 2쪽마다 삽화가 등장해 책장을 넘길 때마다 그림을 볼 수 있다. 반면에 〔변호사 어벤저스〕는 평균 6쪽마다 만화가 그려져 있다. 만화를 만나기 위해 글자가 빽빽한 책장을 3장이나 넘겨야 하는 셈이다. 글자의 양도 서로 다르다. 삽화가 없는 쪽을 기준으로 〔초등학생을 위한 세계 명작〕은 1쪽에 15줄, 〔변호사 어벤저스〕는 1쪽에 20줄이 인쇄되어 있다. 두 책의 크기가 비슷하다는 점을 고려하면 글자 수의 차이는 매우 크다. 이 두 책 중 아이가 먼저 읽어야 할 책은 〔초등학생을 위한 세계 명작〕이다. 이 책으로 150쪽 정도는 읽을 수 있다는 자신감을 먼저 심어준 뒤에 〔변호사 어벤저스〕 수준의 책으로 상향하자.

초등 4학년은 150쪽 내외의 동화책에 익숙해지는 것이 목표다. 지금까지 독서를 꾸준히 해왔다면 글밥 늘리기가 그리 어렵지만은 않다. 이제는 글자도 빽빽해지고 삽화도 사라진다. 책의 길이가 길어져도 거부감 없이 읽어나갈 수 있어야 한다. 소설을 읽을 때는 나눠 읽기보다 한번에 완독할 수 있을 정도로 충분한 시간을 줘야 한다. 이야기에 푹 빠져서 시간 가는 줄 모르고 읽어야 한다. 이렇게 몰입하는 경험이 아이를 진정한 독자의 세계로 이끌기 때문이다. 150쪽이면 1권을 읽는 데 대략 2시간 정도 필요하다.

두 번째 징검다리는 비문학 도서에 입문하여 어휘력과 배경지식을 확장하는 것이다. 비문학 도서란 정보를 전달하는 책이다. 과학, 사회, 역사, 인물 등 현실 세계에 대한 지식이나 사실을 중심으로 구성되어 있다. 비문학책을 읽을 때는 책에서 제공하는 정보를 정확하게 이해하고, 핵심 내용을 요약하며, 설명할 수 있는 수준을 목표로 삼아야 한다. 특히 3학년부터는 학교에서 사회와 과학 교과가 시작되기 때문에 비문학 도서 읽기는 학습에도 직접적인 도움이 된다. 책에서 교과 관련 지식을 연계하여 다루기 때문에 자신의 학년을 넘어선 배경지식의 확장이 가능하다. 예를 들어 〔용선생의 시끌벅적 과학교실〕(사회평론)의 22권은 '거울로 라면을 끓이는 방법은?'이라는 부제로 '빛'에 대해서 다룬다. 이 책은 4학년 1학기 그림자와 거울, 6학년 1학기 빛과 렌즈, 중학교 1학년 빛과 파동 단원의 내용을 모두 포함하고 있다. 교과 내용과 관련된 독서를 통해 일부 주제에 대해서는 선행 학습을 하는 셈이다.

그런데 3~4학년 아이에게 관심 없는 대상에 대해 정보를 이해하고 요약해서 설명하라고 하면 독서 시간이 괴로워진다. 따라서 이 시기의 비문학 독서는 단순히 책을 펼쳐보고 1~2권 읽어보는 입문 수준에서 그쳐도 괜찮다. 마트에서 식재료를 사기 전에 먼저 시식을 해본다고 생각하면 쉽다. 만약 아이가 비문학 독서를 거부한다면 강요하지 말자. 아직은 재미있는 이야기로 책을 즐겁게 읽고 글밥을 늘려가는 것이 더 중요하다. 비문학 독서를 욕심내다가 즐겁게 읽던 문학책까지 거부하는 일이 생기면 안 된다. 독서 정서는 망가지면 회복하는 데 엄청난 시간과 노력이 필요하다. 그렇다고 비문학 독서를 포기할 수는 없다. 강요하지도 재촉하지도 않지만, 언제나 미끼를 던져보며 기회를 노려야 한다. 교과와 연계된 한 부분만 골라서 읽는 발췌독을 하거나 사진 자료만 찾아봐도 좋다. 비문학책으로 모르는 정보를 확인하고 필요한 정보를 찾는 연습만 함께해도 비문학책을 접하는 아이의 마음이 한결 가벼워질 것이다.

세 번째 징검다리는 독서 주도권을 아이에게 주는 것이다. 독서 주도권이란 독서 시간과 읽을 책을 스스로 선택할 권한을 갖는 것이다. 이번에 공구(공동 구매)로 뜬 책을 구매하고 싶은데, 아직 지난번 공구로 산 책을 아이가 읽지 않았다. 조급해진 부모는 아이를 다그친다.

"아직도 안 읽었어? 오늘부터 매일 1권씩 읽어야겠다."

"아니, 갑자기 왜요?"

"이번에 정말 좋은 책을 또 공구하거든. 그거 사서 또 읽어야지!"

읽어야 할 책이 산더미같이 쌓인 집에서 아이의 선택권은 어디에도 없다. 그냥 엄마(아빠)가 사다 놓은 책 중에서 골라 읽어야 한다. 아이가 책을 읽는 속도보다 엄마(아빠)가 책을 구매하는 속도가 빨라서 일어나는 일이다. 저걸 아이가 다 읽어야지만 또 책을 사서 쟁이는 나의 죄책감을 덜 수 있다. 무엇을 위한 책 쇼핑인가. 아이를 위한다는 명분으로 소비 욕구를 해소하고 있다면 그냥 나를 위한 물건을 사는 게 낫다.

읽을 책을 스스로 선택하고 원하는 만큼 충분히 책에 몰입하는 경험을 통해 아이는 읽기 주체가 자기 자신이라는 감각을 키워간다. 독서 주도권을 보장받는 경험이 누적될수록 아이는 독서를 외부 지시가 아닌 내적 흥미에 따라 행하는 활동으로 인식한다. 엄마(아빠)가 읽으라고 해서가 아니라 내가 재미있어서, 엄마(아빠)가 읽으라고 한 때가 아니라 내가 정한 독서 시간에, 엄마(아빠)가 정해준 필독서가 아니라 내가 원하는 책을 읽어야 생기는 감각이다. 이 모든 독서의 과정을 스스로 선택하며 아이는 자신을 '독서하는 사람'으로 인식하게 된다. 그리고 이러한 인식이 부모의 직접적 통제가 줄어드는 청소년기에도 자발적 독서를 이어갈 수 있는 동력이 되는 것이다.

'독서 주도권 확보 → 독서의 내적 동기 형성 → 독서 정체성 형성 → 자발적 독서가로 성장'으로 이어지는 일련의 과정은 아이가 언제, 어떤 책을 읽을지 스스로 결정하는 일에서부터 시작된다는 점을 잊지 말자.

✦ 취미 독서와 학습 독서를 구분하는 방법

앞서 초등 독서에서 다뤄야 할 영역을 취미 독서, 학습 독서, 국어 학습으로 구분하여 설명했다. 사실 엄밀히 말하면 취미 독서와 학습 독서의 영역은 명확하게 구분하기가 어렵다. 아이들의 취향이 모두 다르기 때문이다. 멸종 위기 동물에 관한 책이 어떤 아이에게는 매우 흥미로운 주제일 수도 있지만, 또 다른 아이에게는 지루한 지식 도서일 수도 있기 때문이다. 이렇게 취미 독서와 학습 독서를 구분하는 방법은 아이의 독서 취향이나 독서 환경에 따라 다르다.

==먼저 아이의 독서 취향이 확고하게 형성된 경우에는 아이가 덜 선호하는 책을 학습 독서로 제시하자.== 취향은 수많은 반복과 시행착오 끝에 형성된다. 취향이 확고하다면 아이 나름대로 책을 고르는 기준이 있을 것이다. 부모가 아이의 독서 취향을 정확하게 파악하고 있다면 그것을 기준으로 삼는다. 곤충, 별자리, 로봇 등 분명히 아이가 몰입하는 주제가 있을 것이다. 해당 주제의 도서는 단계를 상향하더라도 취미 독서의 영역에, 반대로 아이가 거부하는 문학책은 학습 독서의 영역에 배치하자.

일반적으로 초등 3학년은 독서 취향이 명확하지 않다. ==취향을 기준으로 취미 독서와 학습 독서를 구분할 수 없다면, '교과 연계==

==성'을 기준으로 판단하자.== 특히 3학년부터 시작되는 사회와 과학 교과는 개념 정립과 배경지식의 확장이 필요하다. 학습 독서는 사회 및 과학 교과와 연계된 책으로 목록을 정해두고 읽자. 대부분의 아이는 비문학보다 문학을 선호하는데, 아이들 수준의 문학은 '동화책'을 말한다. 문학은 모르는 단어가 있어도 이야기의 흐름을 따라갈 수 있고, 내용을 이해하려고 애써 집중하지 않아도 결론을 마주할 수 있다. 깊게 고민하지 않고 읽더라도 이야기가 재미있다고 느끼는 것이다. 이렇게 이야기 전개 자체에 빠져 가볍게 읽기만 반복하는 경우라면 독서량이 많아도 문해력이 부족할 수 있다. 따라서 복선을 되새기고, 작가의 의도를 추측하며, 주제를 파악하는 과정이 필요하다. 그런데 아이가 깊이 읽고 있는지 매번 확인할 수는 없다. 이럴 때 깊이 읽을 1권의 도서만을 학습 독서 목록으로 분류하고, 취미 독서를 할 때는 읽기 방식에 간섭하지 말아야 한다. 아이가 좋아하는 작가, 이야기 구조, 주제, 그림체 등 아이의 취향을 구체적으로 파악하면 선호하는 책을 제공하기가 수월하다. 또 아이가 거부감을 덜 느끼기 때문에 독서량을 늘리기도 쉽다.

==마지막으로 아직 독서 습관이 형성되지 않은 아이는 취미 독서와 학습 독서를 구분하는 것이 무의미하다.== 이런 아이는 어떤 종류의 책을 읽어도 모두 '학습'이라고 느낄 수 있다. 그렇기에 글이 짧고 그림이 많은 책부터 제공해서 책이 재미있다는 경험을 쌓아

야 한다.

아이는 계속 자라고 관심사도 늘 변한다. 내 아이의 관심사에 따라 취미 독서와 학습 독서의 영역을 적절하게 수정하자. 어떻게 수정할지 판단하기 어렵다면 '학습 독서=교과 연계'를 기억하고 일관성 있게 유지하면 된다.

실천법: 긍정적 독서 정서의 형성부터 독서록 쓰기까지

✦ 취미 독서 실천법: 긍정적 독서 정서의 형성

취미 독서는 말 그대로 즐거움을 위한 독서다. 따라서 독서 시간을 강제로 배정했다 하더라도 아이가 그 시간을 기대하는 마음이 있어야 한다. 취미 독서 시간만큼은 부모의 취향과 규칙을 철저하게 무시해도 좋다고 선언하자. 엄마(아빠)가 강요한 책이 아니라 내가 선택한 책을 읽고, 엄마(아빠)가 좋아하는 책상이 아니라 내가 선택한 자리에서, 허리를 펴고 꼿꼿하게 앉은 자세가 아니라 내가 원하는 자세로, 처음부터 끝까지 모든 쪽을 정독하는 것이 아니라 내가 원하는 방법으로 읽는다. 이렇게 무엇이든 허용하면 엄마(아빠)가 싫어할 만한 행동부터 할 것이다. 정말 어디까지 허용하는지 확인하는 과정이다. 물구나무를 서서 뒷장부터 읽든, 2개의 의자를 붙여 그 위에 엎드려서 읽든 그냥 두자. 그러면 스스로 조용히 책에 몰입하기 시작하는 순간이 온다.

이렇게 자유와 즐거움을 보장하면서도 초등 3~4학년의 주력 목표를 기억해야 한다. 독서 습관을 유지하고 징검다리 독서를 통해 다음 단계로 걸어갈 용기를 북돋아주는 것이다. 이를 위해 취미 독서에서도 야금야금 글밥을 늘려가야 한다. 책 선택을 온전히 아이에게만 맡긴다면 '야금야금'이 실현될 리 없다. 선택 범위를 제한하자. 예를 들어 도서관에 갈 때마다 다음과 같이 20권의 책을 빌리는 것이다.

> **도서관에서 빌리는 책 20권의 비율**
>
> - **A 묶음:** 100쪽 수준의 책, 아이의 취향 5권
> - **B 묶음:** 100쪽 수준의 책, 부모의 욕심 5권
> - **C 묶음:** 120쪽 수준의 책, 아이의 취향 5권
> - **D 묶음:** 120쪽 수준의 책, 부모의 욕심 5권

아이가 A 묶음의 책만 선택할 것 같지만 실제로는 그러지 않는다. 아이에게는 성장하고 싶고 칭찬받고 싶은 욕구가 있기 때문이다. 이런 마음을 알아채고 적절하게 자극해줘야 한다. 이때 부모의 마음은 다음과 같다.

'내가 너에게 책 읽기를 강요하지는 않지만 읽는다면 보상은 주겠다. 그리고 너의 독서력이 계속 성장하고 있으니 지금이 아니어도 넌 이 책을 읽게 될 것이다. 언제 읽을지는 너의 선택에 맡긴다. 충분히 기다려주겠다.'

하지만 실제로 아이에게는 이렇게 말한다.

"이건 좀 길어 보이지? 엄마(아빠)도 이걸 꼭 읽으라고 빌린 건 아니야. 그냥 시도라도 해보고 읽을 수 있으면 정말 좋지. 아니어도 다음에 다시 도전해. 음… 이건 어려운 도전이니까 소원권을 걸까?"

이번 주에 읽지 않으면 다음 달에 다시 빌려 온다. 단계를 상향하는 순간은 아이가 정하게 한다. 책 선택권을 부모가 가진 상태라면 독서가 아이의 취미일 수 없다. 이것이 일주일에 책을 20권이나 빌려 오는 이유다. 선택의 범위는 부모가 정하되, 최종 선택권은 아이에게 있음을 시각적으로 보여주는 것이다. 물론 가능한 상황이라면 도서관에 함께 가서 빌려 오면 더 좋다. 함께 도서관에 방문해서 아이에게 직접 책을 고를 기회를 주고, 책과 엄마(아빠)와 내가 함께하는 추억의 한 장면을 남겨주자.

부모가 너무 바쁘다면 읽을 만한 책을 모두 구매해도 좋다.

3~4학년쯤 되면 1번 읽은 책은 다시 안 보는 아이들이 많다. 그래서 책을 사는 비용이 더 아깝게 느껴지기도 하고, 아이가 읽을지 확신이 서지 않는 책을 미리 구매하는 것이 낭비처럼 여겨지기도 한다. 그런데 정말 도저히 시간과 체력을 더는 쏠 수 없는 순간이 있다. 정기적으로 도서관에 다녀오는 일이 아이와의 추억이 아니라 노동으로 느껴지는 순간 말이다.

"빨리 골라. 엄마(아빠) 바쁘다니까. 어휴, 무거워. 내가 이렇게 고생하는데 너 이거 꼭 다 읽어야 해. 아직도 다 안 골랐어? 이거 아기 책이네. 이런 걸 가져오면 어떡해. 다시 골라봐. 어휴, 답답해. 그냥 이거, 이거, 이거 엄마(아빠)가 골라주는 거 읽어. 빨리 가자."

이런 상황이라면 함께 도서관에 가는 일이 오히려 부정적 독서 정서를 형성할 수도 있다. 마음과는 다르게 입에서 짜증 섞인 말이 나온다면, 그런 상황에서도 아이의 교육만큼은 손에서 놓을 수 없어 목에 걸린 가시처럼 느껴진다면, 그럴 땐 차라리 돈을 좀 낭비하자. 그렇게 해서라도 나와 아이의 관계, 그리고 긍정적 독서 정서를 지키는 것이 낫다.

✦ 학습 독서 실천법: 비문학 독서 전략의 입문

초등 3~4학년의 학습 독서는 비문학 독서로 한정한다. 물론 문학책으로도 학습 독서를 할 수 있다. 줄거리 요약하기, 이야기 구조 분석하기, 주제 파악하기, 글쓰기 등이 독서 학원에서 주로 하는 활동이다. 하지만 가정에서는 우선 '읽게' 만들기가 가장 중요하게 다뤄져야 한다. 아직 독서 습관이 체화되었다고 보기 어려운 시기이므로 즐거운 독서 경험이 중요하기 때문이다. 우선 읽어야 깊든 얕든 생각할 수 있다. 3~4학년의 독서 목표가 '징검다리'라는 것을 되짚어볼 때 가정에서는 환경 조성과 응원이 최선이다. 책을 정해진 시간에 꾸준히 읽을 수 있는 환경을 만들고, 더 긴 책에 도전할 수 있게 격려해야 한다.

아이에게 비문학 독서의 필요성을 설득하는 일은 어렵다. 비문학 도서란 이야기 형식을 벗어난 지식 전달을 위한 책을 말한다. 〔자연이랑〕(아람북스), 〔놀라운 자연〕(그레이트북스) 등 자연관찰 전집은 유아기에 노출하는 대표적인 비문학 도서다. 이후 비문학 도서는 〔물 아저씨 과학 그림책〕(예림당), 〔신기한 스쿨버스〕(비룡소), 〔처음 사회동화〕(주니어김영사) 등 동화의 형태를 빌려서 지식을 전달하는 과도기적 형태를 띤다. 과학, 사회, 수학 등 지식을 전달하는 대부분 영역에 동화 형태의 지식책이 있다. 성인은 개인적 관심이 없더라도 필요에 따라 새로운 정보를 익히고 적용할 수 있지만, 아이들은 당장 지식을 습득해야 할 필요성을 느끼지 못한다.

"과학을 왜 공부해야 하죠?"

"과학을 이해하지 않고는 삶을 살아갈 수 없어. 우리 생활 곳곳에 과학이 깃들어 있거든. 집을 짓고, 도로를 건설하고, 자동차를 만들고, 가게에서 물건을 주문하는 모든 것이 과학이야. 심지어 예뻐지는 것도 과학이란다."
"그렇군요! 과학은 정말 중요하네요! 과학을 열심히 공부해야겠어요!"

이런 대화는 현실에서 일어나지 않는다. 아이에게 억지로 관심을 만들어줄 수 있는 말은 없다. 공부를 왜 해야 하냐고 묻는다면 그냥 태어났으니 하는 거라고 답해야 한다. '왜'냐는 질문이 끼어드는 순간 '어떻게'의 단계로 넘어가기가 어렵기 때문이다. 물론 아이를 양육하는 모든 과정을 이런 식으로 넘기면 안 되겠지만, 필수 학습 영역에 대해서는 설득의 과정을 생략한다.

"과학이든 역사든 싫어도 관심이 없어도 배워야 해. 우리나라는 중학교 3학년까지가 의무 교육이야. 왜 의무 교육이냐면 살아가는 데 그 정도 지식은 꼭 필요하다는 뜻이지. 중학교 3학년까지 학교에서 배우는 과목은 '왜'가 아니라 '어떻게'를 생각해야 해. 하지 않아도 되는 이유를 아무리 생각해도, 어차피 그냥 해야 하거든."

대신 비문학책을 보다 쉽게 접할 수 있도록 단계별 성장을 돕

자. 비문학 독서 전략은 이어지는 내용과 같이 입문, 심화, 실전 단계로 나뉜다. 3~4학년은 입문 단계로 진입 장벽 낮추기를 목표로 한다. 1단계는 학습 만화와 유튜브 영상을 활용하여 주제를 노출하는 과정이다. "공부해야 하는데 어려우니까 이거 먼저 보자"라고 노골적으로 목적을 드러내진 말자. 아이가 스스로 '아, 이런 것도 있네'라고 생각할 수 있는 수준이면 충분하다. 2단계는 체험을 통해 해당 주제를 경험하는 것이다. 박물관이나 미술관, 유적지 등을 직접 방문하여 눈으로 보자. 실제로 경험하면 기억에 훨씬 깊게 남는다. 3단계는 해당 주제와 관련된 문학 도서를 읽는 것이다. 본격적인 학습을 시작하기 전에 배경지식을 촘촘하게 짜놓으면 새로운 지식을 습득하기가 쉬워진다. 이미 있는 지식에 새로운 지식이 연결되면서 기억이 확장되기 때문이다.

이렇게 1~3단계를 거치면 해당 주제에 대한 생각 그물이 형성된다. 이 생각 그물은 이후 심화 단계에 진입하여 본격적인 학습을 할 때 지식을 체계화하는 기반이 된다. 여기서는 편의상 학년으로 구분했지만, 학습의 순서는 나이와 무관하다. 학습은 새로운 정보를 접하고 탐색하며 익숙해진 뒤, 관련 자료를 읽고 이해하고 요약하여 기억해서 활용하는 과정이다. 그중 3~4학년 때는 새로운 정보를 접하고 탐색하며 익숙해지는 부분만 집중적으로 공략하자. 즉, 3~4학년의 비문학 독서 전략은 진입 장벽을 낮춰 '흥미와 배경지식'이라는 '징검다리'를 놓는 것이다.

> **비문학 독서 전략**
>
> - 3~4학년 입문 단계: 진입 장벽 낮추기
>
>   **1단계**: 학습 만화나 영상으로 해당 주제를 노출한다.
>   **2단계**: 체험을 통해 해당 주제를 배운다.
>   **3단계**: 해당 주제와 관련된 문학 도서를 먼저 읽는다.
>
> - 5~6학년 심화 단계: 반복과 요약을 통해 학습하기
>
>   **4단계**: 관련 도서를 여러 권 읽는다.
>   **5단계**: 목차에 따라 핵심 내용을 요약한다.
>
> - 예비중 실전 단계: 시험 대비하기
>
>   **6단계**: 학습을 위해 암기한다.
>   **7단계**: 시험 준비를 위해 문제를 푼다.

그럼 비문학 독서의 진입 장벽은 어떤 방법으로 낮출 수 있을까? 가장 먼저 아이의 관심사를 찾아야 한다. 일상에서 매 순간 아이의 관심사를 발견할 수 있다. 함께 길을 걷다가, 뉴스를 보다가, 책을 읽다가 언제든 주의를 기울이면 가까이 보고 싶은 예쁜 것을 발견하기 마련이다. 관심의 대상은 아이와 함께 발견한 소재여야 확장이 쉽다. 엄마(아빠)가 뜬금없이 던져준 소재로 아이의 관심을 끌어내는 일은 고통스럽다.

〔재미만만 우리고전〕을 읽히기 위해 노력하던 시기였다. 이 시리즈는 작고 가벼운 판형에 삽화도 익살스럽다. 한눈에도 만만해 보이는 책을 아이는 그렇게 읽기 싫어했다. 고심 끝에 1+1 포상을 걸었다. 1권을 읽으면 영화 1편, 숙제를 다 못 해도 영화를 먼저 보여주겠다고 약속한 것이다. 첫 책은《전우치전》이었다. 《전우치전》을 읽고 그날 저녁에 영화 <전우치>를 함께 봤다. 아이가 "저 아저씨 잘생겼다"라고 말하는 순간, 이걸로 확장해야겠다는 확신이 생겼다. 이어서 강동원 배우 주연의 영화를 검색했고, 아이는 <검은 사제들>에 관심을 보였다. 이 영화를 보고 나선 영화의 배경인 명동 성당을 직접 가보고 싶어 했다. 가족 나들이로 명동 성당을 가서 둘러보고 가볍게 외식을 하고 돌아왔다. 명동 성당에는 천주교 순교자들에 대한 설명이 곳곳에 붙어 있었는데, 아이는 서양식 건물에 한복을 입은 사람들의 그림이 걸려 있는 모습을 신기해했다. 여기서 시작된 천주교 박해와 관련된 이야기는《책과 노니는 집》으로 이어졌다. 성당에 다니는 친구의 일상을 이야기하며 종교 활동에도 관심을 보였고, 이후 우리나라는 종교의 자유가 허락되는 국가임을 알려줬다. 그렇다면 종교의 자유가 허락되지 않은 나라는… 확장은 무궁무진하다. 나의 시도는 한국 고전에 관한 관심 유도였으나 결과는 천주교가 되었다. 아무렴 어떤가. 시작이 무엇이었든 시도가 계속되면 창대한 끝을 만날 수 있을 것이다.

확장의 과정은 검색 몇 번이면 쉽게 이어갈 수 있다. 명동 성당 체험으로 천주교에 관해 관심이 생겼다면 '서소문성지 역사박물관', '양화진 뱃길 탐방' 등 천주교 관련 체험으로 확장해도 좋다. 천주교 박해로 희생된 많은 사람은 천민이지만, 남아 있는 순교자 명단에는 양반의 이름이 훨씬 많다. 이름을 갖지 못했던 천민, 힘들고 억울하게 살았던 천민의 삶에 관해 이야기를 나누다 보면 어느새 《전우치전》으로 다시 돌아올 수 있게 된다. 그리고 당대의 신분 제도를 소재로 하는 또 다른 고전인 《홍길동전》을 들이밀 이유도 찾을 수 있다. 이것이 관심에서 시작되는 체험과 지식의 그물 형성 과정이다. 이렇게 경험과 배경지식을 깔아주면 천주교 박해에 관한 비문학책 읽기가 쉬워진다. 머릿속에 떠올릴 장면이 준비되어 있기 때문이다. 서학을 수용하는 과정에 대한 비문학 지문을 접할 때도 핵심을 파악하기 훨씬 수월해진다. 이해하기 위해 온 힘을 다하지 않아도 이해되는 경험, 배경지식의 힘을 아이 스스로 느껴보면 비문학 도서에 대한 거부감이 점차 줄어들 것이다. 천주교 박해는 5학년 2학기 사회 시간에 배우는 조선 후기 역사와 연계된다.

교과 순서를 따르지 않더라도 지식은 서로 교차하고 다양한 측면에서 반복된다. 이렇게 견고해진 지식은 또다시 새로운 지식 습득의 바탕이 된다. 사례를 통해 확인한 것과 같이 1~3단계는 동시에 일어난다. 순서를 지켜 계획대로 진행되는 사건이 아니라

아이의 관심에 적절히 대응하는 과정이다. 계획을 세우거나 자료를 수집했다고 꼭 실행해야 한다고는 생각하지 말자. 핵심은 "저 아저씨 잘생겼다"라는 한마디의 포착에 있다.

비문학 독서 전략 1~3단계에서는 만화나 영상에 너무 의존하지 않도록 주의해야 한다. 3~4학년 시기에 아이에게 과학과 역사 분야의 책을 읽히고 싶은 마음이 앞서면 부모가 저자세를 취하기도 한다.

"〔과학 뒤집기〕가 싫으면 〔WHY〕라도 읽어봐. 〔용선생 교과서 한국사〕가 어려우면 〔용선생 만화 한국사〕라도 읽어. 학습 만화라도 읽으면 보상해줄게."

이런 상황이 우려되는 이유는 3가지다. 첫째, 학습 만화마저 학습 독서로 인식할 가능성이 있다. 취미 독서는 평생 독자로 남기 위해 스스로 즐길 수 있는 독서고, 학습 독서는 새로운 지식을 습득하기 위한 독서다. 학습 만화가 지식을 강제로 입력하기 위한 수단이 된다면 아이는 만화책이라 하더라도 반갑지 않을 수 있다. 둘째, 학습 만화라도 읽어달라는 부모의 부탁을 발판으로 학습 만화에 지나치게 몰입할 가능성이 있다. 3~4학년은 아직 충분히 글밥을 늘리지 못한 상태다. 독서의 즐거움을 체화하지 못한 상태에서 학습 만화에 지나치게 몰입하면 5~6학년 수준의 글밥이 많은 책으로의 이행이 어려울 수 있다. 셋째, 이렇게 억지로 읽은 책에서 흥미와 관심을 찾기란 어렵다. 앞서 강조한 바와 같이 지식 확장은 아이의 관심을 발견하는 일에서 시작된다. 관심을 먼저 찾고 거기에 어떻게든 지식을 끼워 넣을 궁리를 하자.

✦ 국어 학습 실천법: 어휘 확장, 사자성어 노출, 한자 학습, 독서록 쓰기

방법 ① 어휘 확장

초등 3~4학년은 어휘가 전부다. 어휘력 격차는 3학년이 되면서 두드러지게 나타난다. 3학년부터 사회와 과학 교과가 시작되며 생소한 개념이 많아지고, 지식을 전달하는 방식에서도 더 높은 사고력을 요구한다. 예를 들어 1~2학년 때는 '우리 동네에는 시장이 있어요'와 같이 구체적 경험을 중심으로 표현한다. 3~4학년 때는 '시장은 사람들이 모여 물건을 사고파는 곳입니다'와 같이 '시장'이라는 개념어를 설명하는 구조로 수업이 이뤄진다. 5~6학년 때는 '시장은 지역 경제에 중요한 역할을 합니다'와 같이 한자어와 추상어가 사용된다. 따라서 3~4학년부터는 교과 개념어를 그때그때 암기해야 한다.

사회와 과학 교과에 등장하는 개념어는 교과 내용을 이해하기 위해 반드시 알아야 할 단어를 말한다. 그런데 이 개념어는 대부분 한자어와 추상어라 습득 과정에서 인위적 노력이 필요하다. 예를 들어 사회 교과의 '경제 활동과 지역 간 교류'라는 단원에서 배우는 개념어는 '자원의 희소성', '합리적 선택', '생산', '소비', '경제 활동' 등이다. 모두 한자어이자 추상어다. 한자어는 각 글자의 한자 의미를 알고, 이를 통합해야 정확한 뜻을 이해할 수 있다. '희소성稀少性'은 '드물 희稀', '적을 소少', '성품 성性'을 사용하며, '인간의 물질적 욕구에 비하여 그 충족 수단이 질적·양적으로 제한되어 있거나 부족한 상태'를 말한다. 그런데 사전적 의미만으로는 충분히 이해할 수 없다. 정의에 쓰인 단어 '물질적', '욕구', '충족', '수단', '질적', '양적', '제한'도 모두 한자어이기 때문이다. 또 동시에 추상어이기도 하다. 추상어는 눈으로 볼 수 없고 손으로 만질 수 없기에 구체물을 떠올릴 수 없어 이해하기가 더욱 어렵다. 이렇게 경험으로 익힐 수 없는 단어는 구체적인 사례와 함께 자세한 설명이 필요하다.

> "운동장에서 10명이 피구 경기를 했는데, 마실 물이 500ml 생수 1병이라면 물은 '희소'해지는 거야. 이때 물을 '물질'이라고 해. 물을 마시고 싶은 마음이 '욕구', 물을 마시고 싶다는 상태를 해결해줄 수 있는 수단이 물이니까 물이 '충족 수단'이야. 그 물이 깨끗하고 시원하다면 물이 '질적'으로 충분한 것이고, 그 물이 10명이 나눠 마셔도 모두가 만족할 수 있는 양이라면 물이

'양적'으로도 충분한 거야. 500ml 생수보다 더 많은 물이 필요한데 더 구할 수 없을 때 물의 양이 '제한'되었다고 표현해."

이렇게 단어와 관련 있는 경험을 연결하면 이해가 쉽다. 아이가 새로운 개념어를 이해하고 암기하는 과정에는 별도의 노력이 필요하다. 따라서 생소한 개념어를 그때그때 학습하지 않으면 어느 순간 해당 과목에는 큰 구멍이 생긴다. 3~4학년 때 어휘에 집중해야 하는 이유가 바로 여기에 있다. 모르는 어휘가 누적되면 학교 수업이 어렵다고 느끼게 되고 학습에 흥미를 잃게 된다. 즉, 기초 학력 저하의 위험성이 커지는 셈이다.

사전을 활용해 사회와 과학 교과서에서 모르는 어휘를 정리하자. 사전 활용하기는 3~4학년 국어 교과에서 배운다. 가정에서 사전 찾는 법을 미리 연습해두면 학교 수업 시간이 훨씬 즐겁다. 인터넷도 넘어선 AI 시대에 종이 사전이 웬 말이냐 싶을 수도 있다. 하지만 학습은 불편할수록 기억에 오래 남는다. 종이 사전은 찾고자 하는 단어 앞뒤에 위치한 단어까지 자연스럽게 읽게 되어 어휘 확장 효과도 기대할 수 있다. 이때 해당 어휘의 한자가 무엇인지 1번이라도 읽고 쓰는 연습을 해보자. 한자 공부를 따로 하지 않아도 글자 조성의 원리를 쉽게 깨달을 수 있다. 물론 아이가 스스로 사전을 찾아볼 리 없다. 아직 부모의 도움이 필요하다. 사전을 찾는 게 어려워서가 아니라 하기가 싫으니까. 새로운 어휘의 뜻을 사전에서 확인하는 과정이 습관이 될 때까지만 함께해주자. 물론 습관이 되는 날은 영원히 오지 않을지도 모른다. 학교 진도에 맞춰 매주 가볍게 진행하거나 방학을 이용해 미리 한 학기를 예습해도 좋다.

1~2학년 때 했던 포스트잇 단어 쓰기 활동을 사회와 과학 영역의 비문학 도서에 적용해보자. 가정에서 진행한다면 아이의 현재 학년보다 쉬운 전집을 이용한다. 학원에 다니고 있다면 학원 도서를 이용하면 좋다. 1권이라도 제대로 읽는 것이 중요하기 때문이다. 먼저 책을 읽으며 모르는 단어를 포스트잇에 쓴다. 이 때는 단어의 뜻을 찾지 말고 포스트잇에 단어와 그 단어가 나온

아이가 책을 읽고 모르는 어휘를 정리한 포스트잇.

쪽수만 기록한다. 책을 다 읽은 뒤 사전을 찾아서 단어 옆에 의미를 써준다. 포스트잇을 참고하여 책을 1번 더 읽고 이해한다. 사회와 과학 영역의 비문학 도서는 대부분 따로 중요한 개념을 설명해주기 때문에 추가로 사전을 찾아야 하는 단어가 생각보다 적을 수도 있다.

사전은 《보리 국어사전》, 《속뜻풀이 초등국어사전》을 많이 사용한다. 《보리 국어사전》은 시각적인 편안함이 장점이다. 작은 글씨가 빽빽한 일반 사전과 달리 편집상 여백이 많고 모든 쪽에 컬러 세밀화가 실려 있다. 이는 사전이 단어를 언어만으로 설명하는 한계를 보완한다. 첫 사전으로 추천한다. 《속뜻풀이 초등국어사전》은 단어를 이루는 각 글자의 한자 의미와 이를 통합한 의미, 사용 예시까지 보여준다. 아이가 꼼꼼하게 읽는다면 스스로 이해하기에 충분한 설명이다. 또 유의어와 반의어, 영어 단어까

《보리 국어사전》
토박이 사전 편찬실, 보리

《속뜻풀이 초등국어사전》
전광진, 속뜻사전교육출판사

지 제시해 단어를 확장하기에도 좋다.

　이렇게 비문학 도서를 활용한 어휘 확장은 자연스럽게 사회와 과학의 배경지식도 길러준다. 교과 과정은 초등에서 중등, 고등으로 깊이를 더해가도록 설계되어 있다. 따라서 기본 어휘를 잘 이해하고 있으면 지식을 확장하기가 쉽다. 즉, 어휘력이 선행에 속도를 붙여준다는 의미다. 어쩌면 '선행'이라는 단어가 거슬릴지도 모르겠다. 현재 대한민국은 선행, 사교육, 대치동에 참 민감하게 반응한다. '나는 선행은 안 하고, 독서만 시켜'라고 생각한다면 다시 한번 잘 따져보자. 독서도 국가에서 제공하지 않으므로 사교육이다. 물론 도서관을 이용하면 경제적 부담을 줄일 수 있다. 하지만 부모의 관심과 노력 정도에 따라 아이의 독서력도 엄청난 차이를 보인다. 그리고 독서 좀 시킨다는 부모 중 해당 학년 수준의 독서력으로 만족하는 사람은 없다. 그 이상을 만들어주고 싶은 것이 부모의 공통된 욕심이다. 조금 더 자신의 욕망에 솔직해지자. 그래야 정확한 목표를 세워서 바른 방향으로 노력할 수 있다.

　교과 어휘는 교과 내용의 복습만으로도 충분하다는 것을 강조하고 싶다. 3~4학년은 모르는 어휘를 그때그때 익히는 방법이 더 적합하다. 어휘 문제집은 다음의 2가지 경우에만 시작할 것을 권한다. 먼저 독서 시간을 충분히 확보하여 아이의 독서 수준이 본인의 학년을 넘어서는 경우다. 특히 사회와 과학 영역의 도서를

잘 읽는 아이라면 어휘 문제집의 병행
이 도서의 이해를 수월하게 할 것이다.
다음은 자기 학년의 학습이 어렵다고
호소하는 경우다. 어휘 문제집을 통해
개념어부터 잡고 교과서를 복습하자.
EBS에서 출간한 〔초등 어휘가 문해력
이다〕는 교과 과정별로 어휘를 묶은
교재다. 미취학 단계부터 중학교 3학

〔초등 어휘가 문해력이다〕
전 19권, 한국교육방송공사

년까지 학기별로 출간되어 있다. 예를 들어 3학년 1학기 책은 해
당 시기의 국어, 수학, 사회, 과학 교과의 어휘로 구성된다.

방법 ② 사자성어 노출

사자성어는 짧은 말 속에 복잡한 의미가 함축되어 있다. 4글자
각각의 한자 뜻을 파악하고 사자성어가 형성된 배경을 바탕으로
의미를 해석해야 한다. 따라서 사고력과 표현력, 배경지식이 선
행되어야 익힐 수 있는 고급 어휘다. 예를 들어 각주구검刻舟求劍은
'새길 각刻', '배 주舟', '구할 구求', '칼 검劍'을 사용하며, 표면적 의미
는 '배에 새기고 칼을 찾는다'이다. 하지만 각 한자의 뜻을 그대로
조합해서는 속뜻을 알기가 어렵다. '초나라 사람이 배에서 칼을
물속에 떨어뜨리고 그 위치를 배에 새겨뒀다. 그는 배가 움직인
것을 생각하지 않고 배가 육지에 닿자 물속으로 들어가 칼을 찾

았다. 이렇게 상황이 변했는데도 융통성 없이 옛 방식대로 문제를 해결하려고 하는 어리석음을 각주구검이라 한다'라는 설명이 있어야 비로소 속뜻을 이해할 수 있다.

3~4학년부터는 만화책으로 사자성어를 가볍게 노출해보자. 같은 책을 반복해도 좋고, 아이가 원한다면 여러 권을 사줘도 좋다. 주요 속담과 사자성어는 어느 책을 봐도 비슷하게 선정되어 있다. 다른 학습 만화를 제공한 적이 없다면 만화라는 이유만으로도 즐거워할 것이다. 틈날 때마다 반복하면 어느새 많은 양의 속담과 사자성어를 익히게 된다. 3~4학년 때 이렇게 노출을 해두고, 본격적인 암기는 5~6학년부터 시작하면 된다. 방학을 이용해 따라 쓰기 워크북을 해봐도 좋다.

더불어 사자성어를 알았다면 일상에 적용해보는 연습도 필요하다. 뜻을 알아도 적용할 수 없다면 충분히 이해하지 못한 것이다. 만약 일기에 적용한다면 다음과 같이 쓸 수 있다.

학교에서 한 사람을 관찰하고 관찰한 것을 정리하는 시간을 가졌다. 난 친구를 관찰할까, 부모님을 관찰할까, 언니를 관찰할까 생각이 들었다. 정리가 끝난 뒤에 발표했는데 여러 가지 의견이 나와서 사람들은 '각양각색'이란 것을 깨달았다. (초등 3학년)

사실 이와 같은 활용은 5~6학년부터 시작해도 좋다. 일기뿐만

《읽으면서 바로 써먹는
어린이 사자성어》
한날, 파란정원

《읽으면서 바로 써먹는
어린이 고사성어 따라쓰기》
한날, 파란정원

《휘리릭 초등 4문장 글쓰기:
고사성어 편》
유시나, 동양북스

아니라 주장하는 글의 결론 문단에서 글을 마무리할 때 적절한 속담이나 사자성어를 활용하면 '화룡점정'이 된다. 앞서 추천한 책은 3~6학년에게 적합한 수준이다. 특히 《읽으면서 바로 써먹는 어린이 고사성어 따라쓰기》는 나만의 예문을 만들어 쓰는 항목이 있어서 손쉽게 적용 연습이 가능하다.

방법 ③ 한자 학습

국어 어휘는 한자어 비율이 50%를 넘는다. 한자 지식이 어휘 확장과 지식 습득에 큰 영향을 미친다는 사실은 따로 강조하지 않아도 모두 공감할 것이다. 하지만 초등 교과에서는 한자를 다루지 않아 한자 학습은 온전히 사교육의 영역이다. 즉, 부모의 선택에 따라 한자 학습 여부가 결정된다. 이는 어휘 습득량의 차이를 만들고, 나아가 학습 역량의 격차로까지 이어진다. 이 정도면 한자 학습은 필수라고 말해도 무방하다.

'한자까지 학원을 보내야 해? 한자 교육은 언제부터 시작하지? 이미 늦은 건 아닐까? 영어랑 수학 학원 다니기도 바쁜데 시간표는 어떻게 짜나. 숙제는 제대로 할 수 있는 걸까? 이거 그냥 프린트해서 외우면 될 것도 같은데… 내가 시키면 안 하겠지. 몇 자를 익혀야 할까? 급수를 따야 하나? 몇 급까지 따야 하지? 급수 주관 단체는 또 왜 이리 많아… 어느 단체를 선택해야 하지? 지금 외운 걸 대학 갈 때까지 기억은 할까?'

조급해하지 말자. 지금부터 해도 늦지 않다. 초등 한자 교육의 목적은 '어휘력 향상'이다. 어휘력 향상이라는 목적에 맞게 학습 방법을 선택해 차근차근 실천하면 된다. 그렇다면 어휘력 향상 맞춤형 한자 학습이란 무엇일까? 한자의 형태를 기억하고 쓰기보다는 한자의 활용을 익히는 것이다. 예를 들어 일반적인 한자 학습은 '必'을 보고 '반드시 필'이라고 암기한다. 나아가 급수 시험을 위해서는 '반드시 필'을 보고 '必'을 쓸 수 있어야 한다. 반면에 어휘력 향상을 위한 한자 학습은 '필'이라고 읽는 글자에 '반드시'라는 의미가 있다는 것을 익힌다. '必'을 보고 '필'이라고 읽을 수 있으면 좋지만, '필'이 포함된 단어를 보고 '반드시'라는 의미가 있을 수도 있다는 사실을 유추하기만 해도 충분하다. 이후 확장하는 과정은 다음과 같다.

'이 한자가 쓰인 단어로는 필수必須, 필연必然, 필승必勝 등이 있네. 그럼 이 단어엔 모두 '반드시'라는 의미가 포함되어 있겠지. '필수'는 '반드시 있어야 한다', '필연'은 '반드시 그렇게 된다', '필승'은 '반드시 이긴다'라는 뜻이구나. 아! '오, 필승 코리아!'는 한국이 꼭 이긴다는 뜻이었구나.'

물론 생각이 이상한 방향으로 흐를 때도 있다. '그럼 '필통筆筒'의 '필'도 '반드시'라는 뜻인가? 반드시 챙겨야 하는 통?' 틀려도 괜찮다. 이 역시 '필'이라 읽는 한자가 여러 개 있다는 사실을 알게 되는 과정이다. 이처럼 같은 한자를 사용하는 여러 단어를 모아서 익히면 더 쉽게 기억할 수 있다.

164쪽 표에 등장하는 '아니 불', '아닐 비', '거스를 역'은 모두 부정적인 의미가 있다. 아이들도 단어에 이 글자가 있으면 부정적인 의미라는 것을 눈치챈다. 하지만 정확한 뜻은 짚어내지 못하는데, 이는 '불', '비', '역'의 의미를 명확하게 구분하지 못하기 때문이다. '아니 불'은 어떤 느낌이나 상태가 아님을 의미한다. '불가능'은 가능하지 않음, '불안'은 마음이 편하지 않음, '불만'은 만족스럽지 않음으로 연결하여 어휘를 확장할 수 있다. '아닐 비'는 기준이나 규범에서 벗어나 옳지 않음을 의미한다. '비정상'은 정상적이지 않음, '비효율'은 효율적이지 않음으로 확장할 수 있다. '거스를 역'은 거꾸로, 반대로 거스른다는 의미다. '역행'은 순서나

[비슷한 의미를 가진 한자 익히기]

구분	不 (아니 불)	非 (아닐 비)	逆 (거스를 역)
기본 의미	~하지 않다 / 아니다 (상태 부정)	옳지 않다 / 기준·규범에서 벗어남	반대 방향, 거슬러 올라감
단어 예시	불가능, 불안, 불편, 불만, 불합격, 불참	비정상, 비공식, 비효율, 비도덕	역행, 역류, 역설, 역풍, 역전, 역습
초등학생용 기억법	느낌·상태가 '아니야'	기준·규칙이 '아니야'	방향·순서를 '거꾸로'

방향을 거슬러 나아감, '역류'는 흐름이 반대로 움직임, '역설'은 일반적인 생각과 반대되는 주장을 말한다.

   한자를 단기간에 암기하고 끝내는 것은 권하지 않는다. 단기간 암기해서 급수를 따면 해냈다는 성취감은 느낄 수 있다. 하지만 급수를 취득하는 동시에 학습이 중단되므로 기억이 휘발될 가능성이 크다. 학습 내용이 장기 기억으로 넘어가기 위해서는 반복이 필요한데, 이 과정을 밟지 않았기 때문이다. 다시 말해 학습 시간의 효율을 따진 선택이, 오히려 어휘력 확장 측면에서는 비효율적인 결과를 낳는 것이다. 따라서 한자는 '끝낸다'라고 생각하지 말고 부담 없이 지속할 방법을 찾아야 한다.

모르는 어휘가 있을 때마다 사전에서 찾고 한자의 훈과 음을 확인하는 것이 가장 바람직하다. 하지만 모르는 어휘가 많을 때는 사전을 찾아 뜻을 확인하는 과정이 길게 느껴진다. 책에 몰입하는 것을 방해하기도 하고, 독서나 사전을 찾는 행위 자체가 싫어질 수도 있다. 따라서 모르는 어휘가 5개를 넘지 않는 수준에서 도서를 선택하고, 독서 중에는 사전을 찾지 않고 메모만 해두기를 권한다. 그러면 독서가 끝난 뒤에 사전을 통해 뜻을 확인할 때 한자의 훈과 음에 익숙해질 수 있다. 또 사전에는 같은 글자로 시작하는 단어가 차례로 제시되어 있으므로 한자가 어휘력 확장으로 이어진다.

이러한 과정을 실천하기가 어렵다면 가늘고 긴 사교육을 제안한다. '방과 후 수업'과 '방문 학습지'다. 방과 후 수업은 당장 결과가 나타나지 않아도 기다릴 수 있을 만큼 비용이 저렴하다. 게다가 학교에서 진행되니 다른 장소로 이동할 필요도 없다. 방과 후 수업도 과제를 충실히 하면 급수 시험에 응시해도 될 만큼 충분한 실력을 쌓을 수 있다. 과제를 챙길 여유가 없더라도 '서당개 3년이면 풍월을 읊는다'를 떠올리자. 노출만 반복해도 효과가 있다. 장원한자, 구몬한자 등 방문 학습지는 방과 후 수업보다 조금 더 강제성이 있다. 매주 선생님이 방문해서 과제를 확인하고 시험도 보기 때문이다. 대신 비용이 조금 더 필요하다.

이밖에 한자나 어휘 교재를 구입해 집에서 학습하는 방법도

[초등 국어 한자가 어휘력이다]
전 6권, 키출판사

있다. 부모의 품이 더 들어간다. 모든 내용을 완벽하게 암기하겠다는 욕심은 버리자. 같은 교재를 2~3번 풀어도 괜찮다. 하루 1쪽, 그것도 힘들면 일주일에 1쪽도 좋다. 목표는 노출과 반복이라는 점을 잊지 말자. 추천 교재는 〔초등 국어 한자가 어휘력이다〕이다. 학년별 교과서 어휘를 바탕으로 집필했으며 한자가 여러 단어에 활용되는 과정을 그림과 함께 설명해서 이해를 돕는다. 또 짧은 글에서 학습한 단어를 찾아내는 문제를 연습하는데, 이 부분이 가장 마음에 들었다. 어떤 단어에 해당 한자가 숨어 있는지 찾는 훈련은 숨은그림찾기처럼 간단해 보이지만, 단순한 단어의 나열이 아닌 짧은 글에서 찾기 때문에 다른 글을 읽을 때도 적용할 수 있다.

방법 ④ 독서록 쓰기

독서를 이어가기도 어려운 시기에 독서록까지 챙기는 건 무리일지도 모른다. 독서 습관이 형성되기 전이라면 기준을 낮게 설정하자. 습관을 형성하기 위해서는 먼저 쉽다고 느껴야 하기 때문이다. '이 정도는 해줄게', '그 정도는 가뿐하지', '요만큼은 할 수 있어'라는 마음이 들도록 기준을 낮춰야 한다.

==1단계는 책 제목, 지은이, 출판사, 읽은 날짜만 쓰는 것이다.== 이것마저도 쓰기 싫어하는 아이들이 대부분이다. 징징대면서라도 기록하면 1쪽, 2쪽… 기록이 쌓이고, 그걸 보면서 '우아, 나 생각보다 책 많이 읽었네'라고 생각하는 시점이 올 것이다. '나는 책을 좀 읽는 아이'라는 마음이 들기 시작하면 성공이다.

==2단계는 책 제목, 지은이, 출판사, 읽은 날짜에 '가장 마음에 드는 한 문장'을 더 쓰는 것이다.== 딱 한 문장으로 제한하자. 우리 아이가 그 한 문장을 고심해서 고르는 아이일 것이라는 기대는 하지 말자. 기대하면 실망하고, 실망하면 지적하고, 지적하면 하기 싫어진다. 눈에 보이는 아무 문장이나 대충 쓰고 덮어버리더라도 했으면 되었다. 이 과정을 2~3개월 정도 반복하자.

==3단계는 책 제목, 지은이, 출판사, 읽은 날짜, 가장 마음에 드는 한 문장에 '그 문장이 마음에 드는 이유'를 쓰는 것이다.== '마음에 드는 문장 + 나는 이 문장이 마음에 들었다. + 왜냐하면 ~이기 때문이다.' 이런 식으로 말이다. 몇 문장이든 아이의 선택에 맡기자. 앞서 말했지만 지적하면 하기 싫어진다. '했다'라는 것에 큰 의미를 둔다. 이 과정도 익숙해질 때까지 반복하자.

==4단계는 책 내용을 요약해보는 것이다.== 요약해보라고 하면 책 내용을 처음부터 끝까지 모두 말하는 아이들이 있다. 이럴 땐 줄거리를 글로 쓰기 전에 대화를 나눠 짧게 정리하면 도움이 된다. 먼저 주인공 소개와 결말을 생각한 뒤, 그 결말에 이르기까지 있

었던 사건을 2~3가지만 정리한다. 결말을 먼저 생각해야 중요한 사건이 무엇인지를 빠르게 떠올릴 수 있다. 예를 들어《심청전》이라면 다음과 같은 이야기를 나눌 수 있다.

[주인공 소개]
심청이는 앞을 못 보는 아버지와 가난하게 사는 소녀다.

[결말]
심청이는 맹인 잔치를 열어 아버지를 찾고 딸을 만난 심봉사는 눈을 뜬다.
① 심청이는 가난한 아이인데 어떻게 맹인 잔치를 열었지? 왕비가 되었으니까.
② 심청이는 어떻게 왕비가 되었지? 인당수에 몸을 던졌는데 용왕이 살려 보냈거든. 황제가 한눈에 반했어.
③ 인당수에 왜 몸을 던졌지? 부처님께 공양미 300석을 바치면 아버지가 눈을 뜰 수 있다고 했는데 쌀 300석을 살 돈이 없었어. 그래서 심청이가 인당수에 빠지는 조건으로 쌀 300석을 받기로 약속했어.

[요약]
심청이는 앞을 못 보는 아버지와 가난하게 사는 소녀다. 부처님께 공양미 300석을 바치면 아버지의 시력을 되찾을 수 있다는데 쌀 300석을 살 돈이 없었어. 그래서 심청이는 쌀 300석을 받고 제물이 되어 인당수에 빠졌지. 그런데 용왕이 심청이를 살려서 땅으로

> 돌려보낸 거야. 황제에 눈에 띈 심청이는 왕비가 되었고 아버지를 찾기 위해 맹인 잔치를 열었어. 아버지는 심청이를 다시 만난 기쁨에 드디어 눈을 뜨게 되었지.

줄거리 요약에 익숙해지려면 2~3개월보다 훨씬 긴 기간이 필요하다. 답답해하지 말고 기다려주자. 4단계가 충분히 완성되면 5단계로 넘어가기는 쉽다.

5단계는 서론, 본론, 결론의 형식에 맞춰 글을 쓰는 것이다. 물론 이렇게 글을 쓸 수 있다고 해도 아이가 읽는 모든 책을 5단계 형식의 독서록으로 남겨서는 안 된다. 독서록 쓰기를 질리게 만드는 지름길이다. 5단계 수준에 이르렀다고 해도 일주일에 1권만

> **[서론]**
> 책 내용 요약(기억에 남는 문장과 관련 있는 부분을 중점으로 요약)
>
> **[본론]**
> 기억에 남는 문장 소개+그 문장이 기억에 남는 이유 설명+나의 경험과 연결
>
> **[결론]**
> 배운 점+다짐

5단계 형식으로 기록하고, 나머지 책은 1~4단계 중 아이가 원하는 형식으로 기록하게 하자.

독서록을 쓰는 방법은 이외에도 여러 가지가 있다. 하지만 부모가 집에서 아이의 글을 읽어가며 다양하게 지도하기란 어렵다. 현실적으로 접근하기를 권한다. 앞서 설명한 5단계에 익숙해지

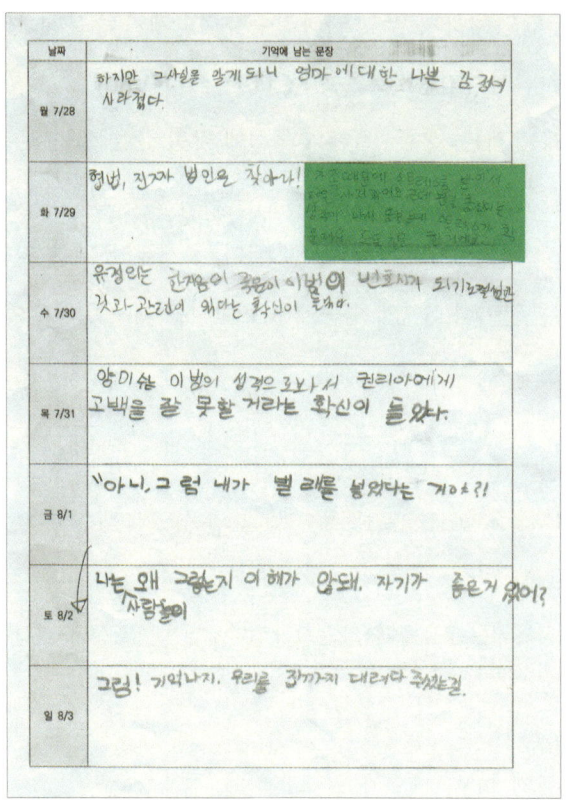

📖 책을 읽고 아이가 간단하게 쓴 독서록.

기 위해서는 각 단계마다 2개월씩만 잡아도 10개월이 소요된다. 하나의 형식에 익숙해지는 데만 해도 1년 가까운 시간이 걸리는 셈이다. 아이들 수준에서 글쓰기는 일종의 기술이다. 하나의 형식을 반복해서 연습하면 변화가 빠르게 느껴지고, 스스로 잘한다는 믿음을 갖기 쉽다. 또 가정에서 지도하기도 편하다.

📖 책을 읽고 아이가 형식을 갖춰서 쓴 독서록.

독서로를
활용하는 방법

독서로(read365.edunet.net)는 초등학교부터 고등학교까지 독서 이력을 관리하는 프로그램이다. 가정에서 따로 관리하지 않아도 아이의 관심사와 취향의 추적 관찰이  가능하다는 장점이 있다. 물론 지역 도서관의 대출 목록도 개별 아이디에 저장이 된다. 하지만 지역 도서관은 가족끼리 아이디를 연동하여 사용하는 경우가 많아 서로의 대출 목록이 섞여 자녀가 둘 이상이라면 개별 관리가 어렵다는 한계가 있다. 그런데 독서로는 대출처가 아닌 대출자를 기준으로 목록을 정리할 수 있으므로 이러한 문제를 해결해준다.

독서 이력뿐만 아니라 독후 활동도 관리할 수 있다. 먼저 '자율독서활동' 항목에서 '나의 최근 대출 도서'로 이동한다. 책 목록에서 독후 활동 저장을 원하는 책을 선택한 뒤 '참여하기' 버튼을 누른다. 그러면 독후 활동의 종류를 선택할 수 있는 창이 뜬다. 교과 정보와 선생님 승인 요청 항목은 초등학교에서는 사용하지 않는 항목이니 건너뛰자. 독후 활동은 글쓰기, 그림·사진, 동영상, 소리·음성 총 4가지 중 하나를 선택하여 저장할 수 있다. 이 중 가장 권장하는 방법은 글쓰기다. 입력하는 글자 수에 제한이 있지는 않지만, 딱 3문장만 쓰기를 권한다. 3문장은 누구에게든 만만하기 때문이다. 대신 읽었던 모든 책에 기록을 남기도록 하자. 책을 읽고 느꼈던 감정, 마음에 드는 문장 정도만 기록해도 책에 대한 기억을 오래 남길 수 있다. 그림·사진은 주 1회 정도 활용해보자. 종이에 직접 쓴 독서록을 사진 찍어 올리는 것이다. 1~2학년은 독후 활동으로 그림 그리기를 해보면 좋다. 3~4학년과 5~6학년은 감상문을 써보자. 학원에서 쓴 글쓰기 자료도 함께 등록해두면 비슷한 주제의 책을 읽고 독후 활동을 할 때 참고할 수 있다.

이외에도 대출 권수를 기준으로 학교별 독서왕 시상이 진행되어 아이에게 독서 동기를 부여한다. 독서 퀴즈, 독서 골든벨 등의 활동도 있다. 모두 활용하지 않아도 괜찮다. 독서 이력 관리와 독후 활동을 저장하는 용도로만 활용해도 충분하다.

추천 도서:
세계 명작, 인물 동화, 사회·과학 동화

✦ 세계 명작

초등 3~4학년은 다음 수준의 글밥 단계로 넘어가지 못하는 아이들이 많은 시기다. 사교육이나 디지털 기기 등 외부적 요인으로 독서 습관이 무너지기도 한다. 1~2학년 때보다 긴 시간 몰입할 수 있는 흥미로운 이야기를 제공하는 것이 중요하다. 세계 명작은 전래 동화와 마찬가지로 긴 시간에 걸쳐 훌륭한 이야기로 검증된 책이다. 〔요술 램프 세계 명작〕(아람), 〔행복한 명작〕(그레이트북스) 등 유아용 전집 다음 단계로 생각하면 좋다. 이 시기 세계 명작의 주력 목표는 유아용 전집보다는 긴 호흡으로 이야기를 끌고 가면서 완역본을 읽기 위한 준비를 하는 것이다. 내가 특히 세계 명작을 선호했던 이유는 아이의 취향과 수준에 맞는 책을 구하기가 쉬웠기 때문이다. 아직 읽기 능력이 완성되지 않은 시기이므로 책이 얼마나 깊이 읽는지까지는 따지지 않았다. 아이가 좋아하고 재미있게 읽으면 좋은 책이다.

세계 명작에는《오즈의 마법사》,《걸리버 여행기》등 유아용 전집에서 이미 경험한 이야기와《톰 소여의 모험》,《플랜더스의 개》,《키다리 아저씨》등 조금 더 호흡이 길면서 3~4학년이 쉽게 몰입할 수 있는 책도 있지만,《위대한 개츠비》,《안네의 일기》,

《베니스의 상인》 등처럼 배경지식에 대한 설명이 필요한 책도 있다. 시대적·역사적 배경에 대한 지식 없이는 이야기를 온전히 이해할 수 없기 때문이다. 어린이용 도서는 이런 간극을 메워준다. 아이들이 이해할 수 있는 수준의 언어로 주제를 전달하고 필요한 배경지식을 설명한다. 한편에서는 세계 명작을 꼭 완역본으로 읽어야 한다고 주장하는 사람도 있다. 그들의 주장처럼 어린이용 세계 명작은 원작의 감동과 깊이를 따라갈 수 없다. 하지만 겨우 10세가 꼭 깊이까지 따져야 할까? 그저 이야기에 몰입하여 희로애락을 느낀다면 충분하다.

초등학생을 위한 세계 명작
전 70권, 은하수미디어

표지 그림으로 아이들을 매혹하는 책이다. 순정 만화 주인공이 "나는 만화책이야. 재미있을걸" 하고 아이들을 유혹하지만, 정작 펼치면 글로 가득한 책이다. 책장을 여는 순간 '속았다!' 싶어도 다시 덮지 않는다. 읽기만 시작하면 금세 이야기에 빠져들어 울고 웃는다. 이 전집은 여전히 다음 권이 출간되고 있는 인기 도서다.

중간 단계 명작 도서로는 〔삼성 세계 명작〕(삼성출판사), 〔아이세움 NEW 논술 명작〕(미래엔아이세움)이 있다. 〔초등학생을 위한 세계 명작〕보다는 조금 길지만 완역본은 아니다. 〔초등학생을 위한 세계 명작〕을 읽었다면 완역본을 읽을 수 있을 때까지 세계 명작 말고 다른 도서를 읽어보기를 권한다. 모든 단계를 다 읽어야 하는 것은 아니기 때문이다. 3~4학년 때 〔초등학생을 위한 세계 명작〕을 읽지 않았다면 5학년 때 〔삼성 세계 명작〕, 〔아이세움 NEW 논술 명작〕으로 세계 명작을 접해보자.

완역본으로는 〔비룡소 클래식〕(비룡소), 〔네버랜드 클래식〕(시공주니어)이 있다. 완역본은 아주 빠른 경우도 5학년은 되어야 시도할 수 있고, 적정 시기는 중학교에 입학한 뒤라고 생각한다. 성인이 읽기에도 쉽지 않은 분량이므로 아이에게 강요하지 말자. 완역본을 읽는 시기에는 아이가 세계 명작 전집을 독파하기보다 1권이라도 깊게 읽고 삶이 달라지는 것이 중요하다. 깊이 있는 감상을 위해서는 적정한 나이와 감성, 충분한 시간이 필요하다. 완역본은 한 출판사의 전집을 모두 구매하기보다는 아이가 원하는 도서를 1권씩 읽어보기를 권한다. 세계 명작 전집을 구매하면 진열했을 때의 만족감이 크지만, 그림책 전집과는 달리 감성이 일관되지 않다. 원어도 번역가도 출간 시기도 모두 다르다. 표지 디자인 외에는 전집을 관통하는 통일성이 크게 느껴지지 않으므로 서점에서 직접 다양한 책을 살펴보고 고르자.

✦ 인물 동화

인물 동화는 역사를 배우기 이전 단계로 접근하는 경우가 많다. 인물의 삶을 살피면 자연스럽게 당시의 시대상을 접하게 되기 때문이다. 듬성듬성 기억하는 인물 이야기는 통사라는 성근 그물을 촘촘하게 엮어주는 역할을 한다. 인물의 삶은 역사를 더욱 생생하게 전달하여 통사를 이해하기 쉽게 해준다.

하지만 인물 동화를 역사 공부의 사전 준비로만 대하면 아쉽다. 인물 동화는 누가, 어느 시대에, 어떤 일을 했는지 '사실'만 전달하는 책이 아니다. 인물 동화를 읽을 때는 그들의 '삶의 태도'에 더 초점을 뒀으면 한다. 인물이 어떤 호기심을 가졌고, 그 호기심을 해결하기 위해 어떻게 접근했으며, 해결되지 않는 문제에 직면했을 때 어떤 자세로 풀어나갔는지 말이다. '위인전'이라는 말이 사라진 시대에 살고 있다. 아이들의 장래 희망이 '돈 많은 백수'인 것은 단지 자본주의의 역기능 때문일까. 꿈의 상실은 위인의 부재에서 비롯되지 않았나, 하는 생각이 든다. 구질구질한 '노오력'보다는 물고 태어난 '수저'가 가치 있다고 믿는 이 시대 아이들에게 인물 동화가 이 말을 대신해주리라 믿는다.

"역사는 운 좋게 부모를 잘 만난 삶이 아니라 자신의 목표를 실현하기 위해 치열하게 '노력'한 삶의 태도를 기억한단다."

인물 동화의 표지에 붙일 포스트잇에는 이름, 시대, 업적 대신에 칭찬할 점, 배울 점, 나도 따라 해볼 만한 일을 써보자.

새싹 인물전
전 72권, 비룡소

비문학 도서는 흥미를 갖는 아이가 많지 않으므로 시각적인 호감이 중요하다. 이런 측면에서 〔새싹 인물전〕은 3~4학년이 비문학 도서에 입문하기 안성맞춤이다. 60쪽 내외의 분량에 여백이 많고 컬러 삽화가 있어서 한눈에도 쉬워 보인다. 하지만 누구나 관심 없는 사람의 이야기는 궁금하지도 않다. 인물의 일대기 정보를 습득하는 것이 지루할 수 있다는 사실을 이해하고 강요하지 말자. 아이의 거부감을 줄이기 위해 〔인물 세미나〕(아람)와 같은 유아용 전집을 활용할 수 있다. 유아용 전집은 큰 판형과 짧은 분량, 전면 컬러인 것만으로도 쉽다는 인상을 줘서 아이가 부담을 느끼지 않는다. 인물의 일생에서 가장 중요한 사건 1~2가지만 조명하므로 내용도 훨씬 단순하다. 이렇게 머릿속에 점을 하나 찍어두면 그 점을 중심으로 확장이 쉬워진다. 이때 〔새싹 인물전〕을 권하면 거부감이 적을 것이다.

✦ 사회·과학 동화

초등 3~4학년은 비문학 도서 읽기를 시도해보는 시기다. 정보성 글을 흥미롭게 읽을 수 있는 아이는 많지 않다. 학습 만화는 정보를 쉽고 재미있게 전하려는 의도로 제작되었지만, 그 효과는 관심을 끄는 수준에 머문다. 학습 동화는 학습 만화의 이러한 한계를 보완한다. 사회 동화, 과학 동화, 수학 동화 등 '교과 이름+동화' 형식으로 이름이 붙여져 있다. 예를 들어 《여기는 따로 섬 경제를 배웁니다》는 '공유 경제'의 개념을 설명하기 위해 이야기의 배경을 공유 경제를 사용하는 마을로 설정한다. 《퓰리처 선생님네 방송반》처럼 등장인물 중 누군가가 개념을 설명해주거나 《수상한 돈돈 농장과 삼겹살 가격의 비밀》처럼 갈등과 사건의 내용 자체가 개념을 설명하기 위한 도구로 사용되기도 한다. 《책과 노니는 집》과 같은 역사 동화는 특정한 역사적 사건을 직접 다루지 않더라도 시대상을 익히는 데 도움이 되고, 《이토록 푸른 오월에》처럼 특정한 역사적 사건을 직접 다루는 역사 동화도 있다. 동화의 주인공인 어린이의 눈높이에서 사건을 바라보고 해석하기 때문에 같은 사건이라도 더 쉽게 받아들일 수 있게 한다.

이러한 형식은 지식을 이야기 구조에 끼워 넣어 맥락이 다소 억지스러운 면이 있다. 하지만 비문학 도서보다 쉽게 지식을 이해하고, 학습 만화보다 효과적으로 지식을 기억하게 돕는다. 개념과 사례를 정리한 비문학 도서와 달리 학습 동화는 해당 지식이 어떤 상황에서 사용되는지를 구체적으로 보여준다. 그리고 그림으로 지식을 전달하는 학습 만화와는 달리 글로 묘사된 상황을 주체적으로 상상하기 때문에 읽기 과정에 더 큰 노력이 필요하며 이에 비례하여 더 많은 양의 내용을 기억할 수 있다. 따라서 비문학 도서를 통한 학습을 본격적으로 시작하기 전인 3~4학년 시기에는 학습 동화를 활용하면 좋다.

처음읽는 역사동화 이선비 시리즈
전 10권, 미래엔아이세움

초등 3~4학년이 읽기 좋은 역사 동화다. 조선 시대 이선비가 겪는 사건을 따라가면서 자연스럽게 조선의 사회상과 문화를 이해할 수 있다. 이선비가 부산에서 한양까지 가는 여정을 통해 조선의 교통수단을 보여주고, 이야기 중간에 사진과 설명을 겸하여 정보를 제공하기도 한다. 이선비가 과거 시험을 보고 성균관에 입학하여 생활하는 이야기를 통해 조선의 교육 기관과 공부법에 대해 알려주기도 한다. 컬러 삽화가 많고 총 100쪽 분량에 1쪽당 15줄로 편집하여 여백도 넓다. 3학년부터 쉽게 읽을 수 있다.

다음 단계의 역사 동화는 수준 차이가 크다. 〔똑똑! 역사 동화〕(푸른숲주니어), 〔푸른숲 역사동화〕(푸른숲주니어)는 4학년 2학기 이후, 〔파란자전거 역사동화〕(파란자전거), 〔근현대사 100년 동화〕(풀빛)는 5학년 2학기 이후를 권한다.

변호사 어벤저스
전 8권, 가나출판사

초등 3~4학년이 읽기 좋은 사회 동화다. 명예 훼손죄, 사이버 범죄, 학교 폭력 등의 법을 아이들이 일상에서 겪을 수 있는 사건과 연결하여 동화로 풀어낸 책이다. 〔의사 어벤저스〕가 먼저 출시되어 큰 인기를 끌었는데, 개인적으로는 〔변호사 어벤저스〕의 이야기가 더 쉽고 흥미롭다. 3학년은 〔변호사 어벤저스〕를 먼저 읽어보길 권한다.

〔통신문 시리즈〕(키큰도토리)는 경제, 정치, 지리, 에너지 등 사회 교과에서 다루는 개념을 동화로 설명한다. 4학년 때 학교에서 관련 내용을 배우는 시기에 맞춰 읽으면 해당 내용을 더 쉽게 이해할 수 있다. 〔처음 사회동화〕는 방송반 선생님 퓰리처가 언론의 역할과 윤리를 알려주고, 문구점 사장님 애덤 스미스가 수요와 공급의 법칙, 기회비용 등 경제 개념을 알려주는 형식의 동화다. 앞서 읽었던 동화보다 지식을 전달하려는 목적이 더 강하게 드러나므로 5~6학년에게 적합하다. 〔채사장의 어린이 지대넓얕〕(돌핀북) 역시 역사, 경제, 정치, 사회, 윤리, 과학, 예술을 아우르는 주제를 다루고 있어 5~6학년 때 읽기를 추천한다.

꼬마 과학 뒤집기
전 59권, 성우주니어, 전집 구매만 가능

미취학 아동이 주로 읽는 과학 동화다. 미취학 때는 작은 글씨로 설명된 과학 용어와 핵심 개념은 모두 건너뛰고 읽기 마련이다. 과학은 빼고 동화만 읽은 셈이다. 이제 오래된 책을 제대로 읽어볼 시기가 왔다. 유아용 도서를 활용하여 비문학 독서를 만만하게 시작해보자. "아니, 엄마(아빠) 이건 아기 책이잖아요"라고 투덜거리면서도 배시시

번지는 미소를 목격할 수 있을 것이다. 만만하지만 차근차근 이해하면서 읽으면 1권에 20분 이상 소요된다. 과학 개념어가 모두 한자어이기 때문이다.

"사구의 사는 모래 사沙, 구는 언덕 구邱. 아, 그래서 모래 언덕이라는 뜻이구나"라고 개념어의 의미를 정확하게 이해하며 읽어야 한다. 작은 글씨까지 모두 읽어야 한다고 신신당부를 해도 혼자서는 휘리릭 읽어버리는 것이 아이들이다. 처음 5권 정도는 개념어를 설명하는 작은 글씨를 낭독하게 하여 동화보다 개념어 이해의 중요성을 강조하자. 포스트잇을 활용하는 방법도 있다. 그날 읽은 개념어를 써서 책 표지에 붙여보는 것이다. 노트를 만들어서 정리하고 싶다는 생각이 들겠지만, 꾹 참자. 아직 3~4학년인데 개념어 노트를 만들자고 하면 책을 읽기조차 싫어질 수 있다. 전집을 다 읽고 나면 표지에 붙인 포스트잇을 모아서 노트에 붙여주면 된다. 혹시 포스트잇 쓰기조차도 거부한다면 엄마(아빠)가 직접 써서 붙이자. 3~4학년의 비문학 독서는 입문이 목표이므로 읽기만으로 만족해도 좋다.

이렇게 쉬운 책으로 개념과 원리를 이해하고 나면 다음 단계로의 상향이 쉽다. 어려운 책은 같은 원리를 더 어려운 용어로 덜 친절하게 설명할 뿐이다. 기본 지식이 깔려 있다면 이 차이가 사소하게 느껴질 것이다. 하지만 비문학 도서를 바로 읽기보다는 과학 동화를 추천한다. 과학 동화로 과학에 관한 관심을 이어가면서 글밥을 충분히 늘려야 한다. 〔빨간 내복의 초능력자〕(와이즈만북스), 〔의사 어벤저스〕는 4학년, 〔복제인간 윤봉구〕(비룡소), 〔과학의 기초를 잡아주는 처음 과학동화〕(주니어김영사), 〔정재승의 인간 탐구 보고서〕(아울북), 〔정재승의 인류 탐험 보고서〕(아울북)는 5학년, 〔스티븐 호킹의 우주 과학 동화〕(주니어RHK)는 6학년에게 적당하다.

03
초등 5~6학년: 취미 독서 3시간 + 학습 독서 1시간 + 국어 학습 2시간

주력 목표:
독서 습관 지키기와 독서력 늘리기

✦ 무조건 독서 습관 지켜내기

초등 5~6학년 시기에는 독서 습관을 기필코 지켜내겠다는 강력한 의지가 필요하다. 소파에서 뒹굴며 책을 읽고 있는 아이에게 학원 숙제는 다 하고 누웠냐며, 지금 책을 볼 때냐고 다그치는 내 입을 틀어막아야 한다. 지금은 책을 볼 때다. 중학교 입학을 앞두고 조급한 이 시점에서 과거를 돌아보자. 초등학교 입학을 앞두고도 조급했다. 읽기 독립이 되었는지, 구구단은 제대로 외웠는지, 우유갑은 스스로 열 수 있는지, 매운 김치는 먹을 수 있을지 별의별 것이 다 불안했다. 되돌아 보면 무한한 가능성과 시간을 가졌던 그때, 아이를 너무 다그쳤던 것은 아닐까 후회스럽기도 하다. 물론 다시 그때로 돌아간다 해도 평정심을 갖고 아이를 키우기란 불가능할 것이다. 하지만 사소한 일로 화를 내고 남과 비교하며 아이를 다그치던 실수는 멈출 수 있지 않을까. 지금도 여전히 무엇이든 꿈꿀 수 있는 시기다. 기대와 불안으로 아이의 멱살을 잡고 끌지는 말아야 한다. 아직은 독서에 더 힘쓸 수 있는, 힘써도 되는, 힘써야 하는 시기다.

 5~6학년 때는 아이들의 독서 편차가 급격히 벌어진다. 잘 읽던 아이는 선행 학습에 밀려 독서 시간을 뺏기고, 잘 안 읽던 아이는 다음 단계 독서 수준으로 이행하지 못해서 책과 멀어진다. 어떤 이유에서 책과 멀어졌든 독서를 계속하는 아이와 문해력 격차는 갈수록 벌어질 수밖에 없다. 이제야 겨우 탐독할 수 있을 만큼 성장했는데, 여기서 멈추기는 너무 아쉽다. 이 안타까운 상황을 해결하기 위한 0단계는 부모의 의지를 확고히 하는 일이다.

✦ 독서력 최대치로 상향하기

 아이의 취향을 바탕으로 자발적이고 주체적인 독서를 시작할 수 있는 시기다. 눈에 띄게 아이의 생각 폭이 확장된다. 사회 이슈에 대해서도 깊게 고민하고 비판적으로 바라볼 수 있는 능력이 생긴다. 이때 독서 습관을 단단하게 잡아두면 평생 자발적 독서가로 남을 확률이 커진다. 아이의 사고 수준이 높아졌기 때문에 성인의 독서 수준으로 충분히 끌어올릴 수 있다. 독서력을 최대치로 끌어올리는 것이 5~6학년 독서의 목표다. 진정한 독서 몰입은 중학교 시기에 할 수 있으면 가장 이상적이다. 하지만 중학생은 부모의 힘으로 좌지우지되지 않는다. 현실적으로 부모가 이끌 수 있는 독서 몰입은 이때가 마지막이다.

5~6학년의 목표는 주제나 분량의 한계를 벗어나 어떤 책이든 내가 필요하면 읽을 수 있다는 자신감을 가지는 것이다. 5학년은 200쪽, 6학년은 250쪽 분량의 소설을 편안하게 읽는 것을 기준으로 한다. 이 정도의 분량 읽기가 편안해지면 이제 읽지 못할 책은 없다. 성인 도서도 이 수준을 크게 벗어나지 않는다. 아직 독서 습관이 형성되지 않았다면 지금이라도 습관 형성에 힘쓰자. 미룰수록 점점 많은 노력이 필요하다. 다시 태어날 고민은 그만하고 지금부터라도 독서 시간을 쌓아나가자.

실천법:
취향 존중부터 독해집 활용까지

✦ 취미 독서 실천법:
아이의 취향 존중과 '사춘기·청소년' 키워드 활용

초등 5~6학년에는 부모가 특히 더 아이의 취향을 존중해야 한다. 스스로 책을 선택하고 읽는 것은 자신의 취향을 확고히 하는 과정이다. 아이가 선택하는 책이라면 주제나 분류 체계에 얽매이지 말고 허용하는 편이 좋다. 책에 관한 취향은 범위가 매우 넓다. 선호하는 작가, 주제, 출판사, 판형, 편집 디자인 등 책의 선택부터 시작된다. 더불어 주로 책을 읽는 시간, 장소, 듣는 음악, 마시는 음료 등 독서 환경도 취향을 반영한다. 기억하고 싶은 문장에 밑줄을 긋는지, 플래그를 사용하여 표시하는지, 노트에 바로 메모를 하는지를 선택하는 것도 취향의 영역이다. 취향에 옳고 그름은 없다. 다만 이 역시 나를 알아가는 과정이며, 정체성을 형성하는 청소년기에 권장할 만한 경험이다. 그러니 어디선가 받은 추천 도서 목록을 인쇄해주기보다는 아이가 <u>스스로 고른 책</u> 1권이 훨씬 더 가치 있다는 점을 잊지 말자.

특히 '사춘기'와 '청소년'이라는 키워드를 잘 활용하면 좋겠다. 아직 사춘기에 접어들지 않은 아이가 해맑은 표정으로 "저 사춘기예요. 짜증 나서 엄마(아빠)한테 화내고 왔어요"라고 말한다. 아이는 내가 어느 정도 성장했는지 궁금해하고, 그 예민하다는 사춘기를 어떤 모습으로 보낼지를 걱정한다. 이때 아이가 사춘기를 '짜증 내고 화내도 되는 시기'라고 인식하지 않도록 해야 한다. 청소년 도서는 아이들에게 자신의 신체와 감정 변화에 대한 친절한 설명서의 역할을 한다. 책을 통해 또래 아이들이 느끼는 감정과 갈등, 해결 과정을 간접 경험할 수 있기 때문이다. 주인공의 상황에 공감하며 자신이 경험하고 있거나 경험하게 될 상황을 객관적으로 바라본다. 그리고 대상이 무엇인지 몰라서 느끼는 불안감을 해소한다.

〔열다섯에 곰이라니〕(다산책방)는 사춘기가 시작된 아이들이 동물로 변한다는 설정하에 이야기가 전개된다. 이렇게 동물로 변한 아이들은 사람과 대화를 할 수 없고 동물과도 말이 통하지 않는다. 동물화를 겪는 중인 아이들끼리만 소통할 수 있다. 책 소개를 여기까지만 하면 아이들의 반응은 "아! 사춘기가 되면 사춘기 애들끼리만 말이 통해서 그렇죠? 어른이랑은 말이 안 통하고, 동물은 원래 동물이니까 말이 안 통하고요"라고 답한다. 정확한 분석이다. "동물화가 진행되는 시기는 아이마다 다르고 아이의 성격에 따라서 변하는 동물의 종류도 달라져"라고 설명하면 "그럼 사춘기는 사람마다 다른 시기에 겪을 수도 있어요? 변신한 동물은 서로 다른 동물이어도 말이 통해요?"라고 질문한다. 아이들은 이렇게 책의 내용을 자신의 현실에 대응하여 받아들인다.

청소년 도서에서는 성폭행, 살인 등 부모가 아직 아이에게 알리고 싶지 않은 소재를 다루기도 한다. 하지만 단지 소재만 충격적일 뿐 책에서 자세히 조명하는 부분은 사건 이후 몸과 마음을 치유해가는 과정이다. 아이가 자칫 잘못 이해할 수 있는 부분을 부모님과의 대화를 통해 채운다면 오히려 예방 교육의 효과도 누릴 수 있다.

《유진과 유진》은 유아 성폭행이라는 다소 충격적인 소재를 다룬다. 하지만 책은 같은 이름과 같은 상처가 있는 2명의 유진이가 상처를 치유하는 방식의 차이에 집중한다. 한 유진이는 부모가 아이의 상처를 있는 그대로 받아들이고 아이를 지지해준 덕분에 상처를 조금씩 치유한다. 반면에 다른 유진이는 부모가 나서서 아이의 상처를 감추고 기억을 떠올리지 못하게 환경을 바꾼다. 아이는 별 탈 없이 자랐지만, 청소년기가 되어 치유되지 않은 과거의 상처가 떠올라 혼란스러운 기억 때문에 힘든 시기를 겪는다. 성폭행이라는 소재는 분명히 자극적이다. 하지만 상처를 꺼내놓고 치유하는 과정을 반드시 거쳐야 한다는 메시지는 내적·외적으로 다양한 갈등과 실패를 경험하게 될 아이들에게 꼭 필요한 조언이다. 타인과의 경계를 알고 불쾌한 상황이 닥쳤을 때 도움을 요청할 수 있어야 한다는 이야기를 나눌 계기가 되기도 한다.

이외에도 〔죽이고 싶은 아이〕(우리학교), 《아몬드》 등은 살인을 소재로 다뤄 일부러 아이에게 권하지 않는 경우가 있다. 이 책을 청소년 도서로 분류한 출판사의 판단 기준은 신뢰해도 된다. 미뤄 걱정하지 말고 아이가 책을 읽는다는 현상에 감사하자.

◆ 학습 독서 실천법:
비문학 독서 전략의 심화

초등 5~6학년 때는 취미 독서에서 학습 독서로 독서의 범주를 확장해야 한다. 1~2학년은 문자를 해독하고 책과 가까워지는 것이 목표였으므로 학습 독서를 권하지 않았다. 3~4학년은 학습을 위한 독서도 있다는 경험을 하는 정도에 그쳤다. 5~6학년은 아이가 원치 않더라도 본격적으로 학습 독서를 시작해야 할 때다. 독서는 지식 확장을 위한 가장 효율적인 수단이므로 독서를 통해 학습하는 법을 익혀야 한다. 교과서도 결국 지식 전달을 목적으로 하는 비문학책이다. 반복 독서, 이해, 요약, 구조화, 암기, 문제 풀이로 이어지는 학습 과정 중 암기와 문제 풀이를 제외한 모든 과정이 학습 독서를 통해 이뤄진다. 독서에 힘썼던 많은 부모가 이 순간을 기다렸을지도 모른다. 독서가 학습에 직접적인 영향을 미치기 시작하는 순간을 말이다.

5~6학년 비문학 독서 전략 심화 단계에서는 같은 주제의 비문학 도서를 여러 권 읽으며 지식 학습 과정을 체화해야 한다. 비문학 도서를 통해 새로운 지식을 얻는 방법을 배우고 익혀야 한다는 의미다. 즉, 지금 내게 필요한 지식이 무엇인지 인지하고, 관련된 도서를 찾아 읽어, 체계적으로 정리해서 내 것으로 만드는 과정을 경험해야 한다. 지금 읽는 책은 분명 학습에 도움이 되지만 학습 자체가 목적은 아니다. 5학년이 책 1권을 읽어서 얻는 지식은 고등학생이 30분 만에 압축적으로 이해하고 암기할 분량일 수도 있다. 이 비효율적인 독서를 반복하는 이유는 필요한 때, 필요한 정보를 찾아서 내 것으로 만드는 과정을 알아야 하기 때문이다. 따

라서 너무 각 잡고 '학습'이라고 생각하지는 않았으면 한다. 많은 양의 비문학 도서를 읽어야 한다는 부담도 버리고 완벽하게 소화해야 한다는 강박도 버리자. 요약하는 책의 수를 무리해서 늘릴 필요 없다. 1년에 6권(2개월에 1권)만 제대로 요약해봐도 비문학 책에 어떻게 접근해야 하는지 익힐 수 있다. 1년에 6권이라는 기준은 독서 시간이 제한되어 있고 취미 독서가 우선이라는 점을 고려한 수치다.

앞서 1~2학년에서는 반복 독서를 강조했다. 반복 독서는 책의 내용에 깊이 몰입하고 문장의 구조와 어휘, 표현을 습득하는 데 유리하다. 이와 달리 5~6학년의 비문학 독서는 반복 독서보다는 같은 주제의 책을 여러 권 읽기를 권한다. 같은 주제를 다루더라도 책마다 초점을 두는 부분이 다를 수밖에 없는데, 그중에서도 반복적으로 등장하는 개념이나 정보는 그만큼 중요한 주제라는 뜻이다. 아이는 독서 과정에서 자연스럽게 핵심 지식을 정리할 수 있다. 각각의 책은 해당 주제에 접근하는 관점과 설명 방식이 다르다. 이를 통해 아이는 개념을 폭넓게 이해하고 오래 기억할 수 있다. 즉, 단편적인 지식이 아닌 '공통된 핵심'을 발견하고 스스로 의미를 구성하는 힘이 자란다. 결국에 이런 독서는 아이가 책 속의 정보를 '자신만의 언어'로 정리하고 활용할 수 있도록 돕고, 이는 곧 강력한 학습 도구가 된다.

아직 비문학 독서에 익숙하지 않다면 입문 단계로 돌아가자.

비문학 독서에 대한 진입 장벽을 낮추는 작업을 먼저 해야 한다. 조급해하지 말자. 나이와 상관없이 새로운 분야를 접할 때는 만화, 영상, 체험 등 다양한 매체를 통해 배경지식을 쌓는 과정이 필요하다. 5학년이 되어도 여전히 비문학책은 흥미롭지 않다. 오늘도 내일도 가장 나중에 읽을 책으로 미뤄둘 것이다. 관심이 생기는 것이 우선이라는 점을 잊지 말자. 관심이 생기고 조금이라도 배경지식이 있으면 접근이 훨씬 쉬워진다. '이 정도는 읽어야지'라는 기대를 내려놓자. 영유아 전집부터 시작해도 괜찮다. 영유아 전집은 같은 주제를 더 쉬운 언어로 설명하며, 이미지 자료가 풍부해서 아이가 느끼는 부담이 줄어든다. 쉽다고 해서 내용이 부실한 것은 아니다. 실제로 〔솔루토이〕(교원)와 〔호시탐탐〕(교원)은 미취학 때부터 수년째 우리 집을 떠나지 못하고 있다. 지금 다시 꺼내 봐도 '내가 뭘 기대하고 이걸 미취학 때 샀을까?' 싶은 책이다. 지금 읽어도 충분히 도움이 될 만큼 알차다. 무리가 되지 않는 선에서 시작하고 차근차근 단계를 높여나가자.

3~4학년 비문학 독서 전략에서 설명한 사례(151쪽 참고)를 바탕으로 비문학 독서가 어떻게 심화 단계로 발전하는지 정리해보려고 한다. 처음 목적은 《전우치전》을 읽히는 것이었지만, 아이의 관심이 배우 강동원, 명동 성당, 천주교로 이어졌다. 이 과정에서 독서와 체험을 함께 진행했다. 《책과 노니는 집》, 《강을 건너는 아이》, 《꽃신》, 《마의》 등 조선 후기의 신분 제도와 천주교가

주제인 동화책을 읽고 나서 '명동 성당', '서소문성지 역사박물관', '양화진 뱃길' 등을 방문했다. 이제 조선 후기의 사회를 상상할 수 있는 재료가 많이 모였다. 비문학책에서 주로 사용하는 추상어를 이해할 준비가 된 것이다.

이제 조선 후기를 다루는 비문학책을 여러 권 읽어보자. 〔재미있다! 한국사〕(창비), 〔한국사 편지〕(책과함께어린이), 〔용선생의 시끌벅적 한국사〕(사회평론) 등 비문학책에서 조선 후기 부분만 골라서 읽는 것이다. 책을 선택할 때는 같은 주제의 책을 쉬운 책부터 난도를 올리며 읽어도 좋고, 다양한 책을 동시에 늘어놓고 마음에 드는 책부터 읽어도 좋다. 내 눈에 편안한 편집, 내가 이해하기 쉬운 문장을 알아가는 과정이기도 하다. 여러 권을 함께 읽을 때는 꼼꼼하게 다 이해하고 암기하며 읽지 않아도 된다. 중요한 내용은 모든 책에서 공통으로 다루기 때문에 복습 효과를 누릴 수 있다. 여러 권 읽다 보면 중요한 내용이 저절로 정리된다. 여전히 읽기 힘들어한다면 〔큰별쌤 최태성의 별★별 한국사〕(위즈덤하우스), 〔용선생 만화 한국사〕(사회평론) 등 학습 만화를 한 겹 더 깔아줘도 좋다. 조선 후기만 뽑아서 읽는다고 해도 앞서 읽은 동화책에서 다루지 않았던 새로운 지식이 쏟아진다. 이때는 다시 영상이나 만화, 해당 소재를 다루는 동화책을 더 찾아서 읽어보면 도움이 된다. 고학년이라도 입문 단계의 비문학 독서 전략은 여전히 유효하다.

비문학 독서 전략

- **3~4학년 입문 단계: 진입 장벽 낮추기**
  1단계: 학습 만화나 영상으로 해당 주제를 노출한다.
  2단계: 체험을 통해 해당 주제를 배운다.
  3단계: 해당 주제와 관련된 문학 도서를 먼저 읽는다.

- **5~6학년 심화 단계: 반복과 요약을 통해 학습하기**
  4단계: 관련 도서를 여러 권 읽는다.
  5단계: 목차에 따라 핵심 내용을 요약한다.

- **예비중 실전 단계: 시험 대비하기**
  6단계: 학습을 위해 암기한다.
  7단계: 시험 준비를 위해 문제를 푼다.

조선 후기와 관련된 비문학책을 3~4권 정도 읽고 자신감이 생겼다면 이제 학교 교과서나 〔용선생 교과서 한국사〕(사회평론)처럼 통사를 정리한 책을 펴놓고 단원별 요약을 해보자. 지금까지 조각조각 나뉘어 있던 지식을 정리할 수 있다. 비문학 도서를 요약할 때는 목차를 먼저 쓴다. 목차는 소제목마다 아래 3줄을 비워 두자. 책을 읽고 내용을 요약할 공간을 미리 만들어두는 것이다. 미리 공간을 확보하는 이유는 부담감을 줄이고 요약의 효율을 높이기 위해서다. 분량을 정해주지 않으면 중요한 내용을 정리하려는 노력 없이 너무 많은 내용을 쓰게 된다. 또는 2~3개의 단어로 너무 간략하게 정리하기도 하는데, 이렇게 요약하면 책 1권을 요약하고 나서도 구체적인 내용을 기억하지 못한다. 한 단원에 3줄이라고 요약의 양을 먼저 설정하면 내용을 최대한 압축해서 정리하려는 의지가 생긴다. 내용에 집중해서 핵심을 찾아내는 훈련을 하기 좋다. 요약은 목차에 대한 답이라고 생각하면서 채우면 쉽다. 예를 들어 어떤 단원의 제목이 '비행의 시작'이라면 누가, 언제, 왜, 어떻게, 어디로 비행을 시작했는지를 정리할 수 있어야 한다. 완성된 요약본은 책 전체의 내용을 담게 된다. 이때 요약한 내용을 연결해서 쓰면 요약문이 완성된다. 5단계는 5학년 이후에 하기를 권장한다. 요약은 학습과 직결되는 행위이므로 아이가 독서와 학습을 하나로 인식할 우려가 있다. 6학년이라 하더라도 모든 책을 이렇게 읽을 수는 없다. 1년에 6권이면 충분하다.

여기까지가 5~6학년의 비문학 독서 전략이다. 반복과 요약을 통해 핵심을 정리하는 과정은 모든 학습의 근간이 된다. 얼마나 많은 양의 지식을 습득했는지보다 새로운 지식의 습득 과정을 체화하는 것이 더 중요하다. 그러니 많은 양을 소화하려는 욕심을 버리고, 만화, 문학, 비문학 독서와 체험, 영상 이 모든 활동이 새로운 지식을 쌓는 방법이라는 사실을 기억하자.

1
한국과 중국, 그 미묘한 관계를 파헤치다!

한국사에는 중국이 왜 이렇게 많이 등장할까? 한중 관계사	12
한국과 중국은 언제부터 다시 가까워졌나? 한중 수교	16
우리 집에 있는 물건 대부분이 중국산이라고? 한중 무역	20
우리나라에 온 외국인 중 중국인이 가장 많다고? 한중 인적 교류	24

'23.10.17

10월 3주차 (중국, 세계 1위를 꿈꾸다!)

① 한국과 중국, 그 미묘한 관계를 파헤치다

└ 한국사에서는 중국이 왜 이렇게 많이 등장할까?
(중국과 한국은 지리적으로 가깝기 때문에 전쟁도 많이 하였고 교류도 많이 하였다. 유교나 (불교) 금속 공예 기술(상감기법)도 많이 들어와 발전을 하였다.)

└ 한국과 중국은 언제부터 다시 가까워졌나?
(큰 비행기 사고로 인해 사람들이 죽을뻔한 일을 잘 해서 100명 모두 무사함 → 중요한 계기가 됨. → 한중 수교를 함 → 두 나라는 급격히 가까워짐.)

└ 우리집에 있는 물건 대부분이 중국산이라고?
(우리나라 스마트폰 판매 시장에도 뛰어들고 중국이 경제개혁을 완성하면 우리와 더 가까워질 것 이다.)

└ 우리나라 온 외국인 중 중국인이 가장 많다고?
(• 한국유학 - 한국 오려는 외국 학생 ↑
• 생활인구 ↑ (다른 나라오다)
• 국제결혼 ↑)

② 중국의 정치에 대해 알아보자

└ 중국의 정치는 우리나라와 어떻게 다른까?
(인민 해방군 (중국 3대) ≠ 국가의 군대
└ 중국 공산당 소속의 군대.
국가주석 : 대통령에 해당하는 사람.)

└ 중국이 한 민족 국가가 아니라고?
(56개의 민족의 어린이를 모두 모은 것도 어려움)

《중국, 세계 1위를 꿈꾸다!》의 목차(위쪽)와 그 내용을 3줄로 요약한 예시(아래쪽).

✦ 국어 학습 실천법:
어휘 학습, 사자성어 암기, 한자 공부, 독해집 활용

방법 ① 어휘 학습

학습 방법은 3~4학년과 같다. 책을 읽으며 모르는 단어와 단어가 위치한 쪽수를 포스트잇에 쓴다. 책을 다 읽은 뒤 사전을 찾아서 단어 옆에 의미를 쓰고, 포스트잇을 참고하여 책을 다시 읽으면서 단어의 쓰임을 확인하는 것이다. 읽는 책의 길이가 길어

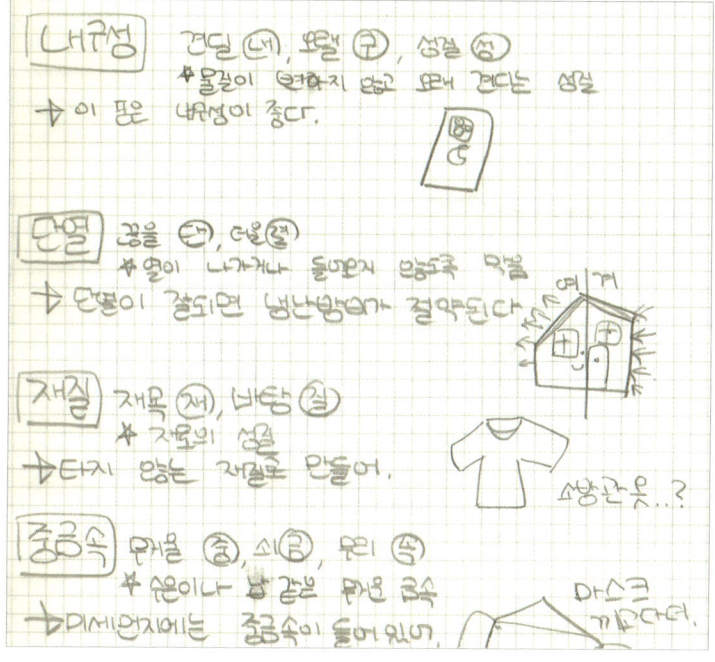

📖 아이가 모르는 어휘를 따로 정리한 어휘 노트.

졌으니 모르는 어휘의 수도 많아질 것이다. 3~4학년 때부터 어휘를 잘 암기했다면 모르는 어휘가 급격히 많아진다는 느낌은 받지 않을지도 모른다. 물론 포스트잇도 효과적이지만, 5~6학년 때부터는 노트를 따로 만들어 정리하면 좋다. 학습 성과물의 누적을 시각적으로 확인하면 성취감을 느낄 수 있어서다. 이보다 더 중요한 이유는 이제 학습의 관점으로 접근해야 하기 때문이다. 어휘 노트는 누적 복습을 하기 위한 준비다. 오늘 읽은 책의 단어를 노트에 정리하면서 앞서 정리해둔 단어를 다시 읽어보는 습관을 만들어주자. 한번에 완벽히 외우기보다는 자주 반복하면 쉽게 장기 기억으로 보낼 수 있다.

교재를 사용한다면 다음과 같이 2권을 추천한다. 5~6학년에게 권장하는 교재다.

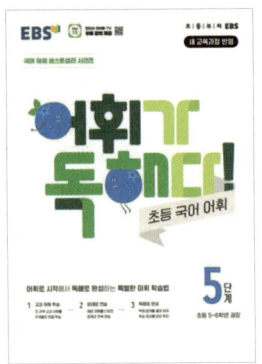

《EBS 어휘가 독해다!
초등 국어 어휘 5단계》
EBS, 한국교육방송공사

《EBS 어휘가 독해다!
초등 국어 어휘 6단계》
EBS, 한국교육방송공사

방법 ② **사자성어 암기**

사자성어 암기도 본격적으로 시작한다. 3~4학년 시기에 사자성어를 쉽게 풀어 쓴 만화책을 보여주며 바탕을 쌓은 뒤, 5~6학년 때 본격적으로 외우기 시작하면 부담이 적다. 학원에서 매주 과제를 내준다면 그것만 확실하게 외워도 된다. 한번에 많은 양을 외우기보다는 꾸준히 반복해서 암기해야 한다는 점을 기억하자. 3~4학년에서 사자성어를 접하지 않았다면 5~6학년이라도 만화책부터 건네자. 단순 암기는 기억에서 빠르게 사라진다. 사자성어를 구성하고 있는 각 한자의 의미, 의미가 형성된 유래, 사용할 수 있는 적합한 맥락을 만화를 통해 익히고 직접 글로 써보는 과정이 필요하다.

방법 ③ **한자 공부**

한자 공부를 3~4학년 때부터 하고 있었다면 가랑비에 옷 젖듯이 유지하면 된다. 한자 공부를 전혀 하지 않았다면 이제라도 시작하자. 단, 5~6학년은 3~4학년보다는 조금 더 효율적인 공부가 필요하다. '방과 후 수업'과 '방문 학습지'는 학습량이 적다. 학습지보다는 따로 교재를 사서 공부하기를 권한다. 같은 한자를 사용하는 단어를 묶어서 학습하고, 한자의 모양보다는 의미와 활용을 중점적으로 익혀야 한다. 시간과 비용을 더 투자할 의향이 있다면 학원이 효율적이다. 한자 전문 학원은 파자 해설로 한자 암기를 도와주고 시간과 비용이 투입된 만큼 부모가 과제 완성도를 신경 쓰게 된다. 1~2년 정도 투자하면 높은 성과를 낼 수 있다.

한자 공부를 전혀 하지 않았고 시작하기도 부담이 된다면 어휘집을 활용한다. 자신보다 낮은 학년의 교재부터 시작하기를 추천한다. 책 1권이 통째로 모르는 단어로 가득하다면 아이가 공부할 동력을 잃을 수 있다. 1주에 2챕터 정도로 양을 적게 잡고 습관부터 형성하자. 어휘의 뜻을 암기하기보다는 예문을 통해 어휘의 정확한 쓰임을 익히는 것이 중요하다. 교재에 제시된 예문을 읽기만 하지 말고 아이 스스로 예문을 만들어 써봐야 오래 기억할 수 있다. 특히 단어에 쓰인 한자의 뜻과 음을 1번 더 쓰게 하여 제대로 읽고 있는지를 확인해야 한다. 습관이 잡히면 양을 늘리거나 난도를 높여나간다. 《빠작 중학 국어 한자 어휘》는 중등 교과에서 사용되는 한자어를 다루고 있다. 〔초등 국어 한자가 어휘력

《빠작 중학 국어 한자 어휘》
편집부, 동아출판

〔초등 국어 한자가 어휘력이다 확장 편〕
전 3권, 키출판사

이다 확장 편)은 같은 부수를 사용하는 한자를 배우고, 각 한자가 단어에서 활용되는 사례를 구체적으로 보여준다.

방법 ④ 독해집 활용

초등 5~6학년이면 비문학 독해집을 사서 풀어보면 좋다. 학원 입학을 위해 3학년부터 독해집을 푸는 학생들이 많은 건 알고 있다. 아이의 실력이 뛰어나다면 말릴 이유가 없다. 하지만 어휘력과 독서 수준이 충분한 상태에서 비문학 지문의 분석을 시작하는 것이 훨씬 효과적이다. 독해집은 어떤 책을 활용해도 무관하다. 지문의 길이나 주제, 문제의 유형 등 세부 사항을 고려하지 않아도 된다. 새로운 지문을 분석하여 문제 풀이의 근거를 스스로 찾는 연습을 하는 것이 핵심이기 때문이다. 5~6학년은 문제 풀이에 집중할 시기가 아니므로 문제 유형의 다양성 또한 크게 고려하지 않아도 된다. 단순히 문제를 풀고 채점하는 행위의 반복은 실력 향상으로 연결되지 않는다. 독해집의 효과적인 학습 순서는 다음과 같다.

먼저 지문에 문단 번호를 매긴다. 문단이 바뀔 때 들여쓰기를 하므로 한눈에도 문단이 구분되는 곳이 보인다. 하지만 문단별로 번호를 붙여야 요약하고 근거를 표시하며 학습하기 편하다.

다음으로 지문을 읽으며 모르는 단어에 표시한다. 모르는 단어만 따로 모아 뜻을 찾아 교재에 쓰면서 암기한다. 별도의 단어집은 만들지 않아도 된다. 어휘가 무한해 보이지만 비문학 지문도 주제가 한정되어 있기에 같은 어휘가 반복된다. 모르는 단어의 뜻을 한번 확인하고 써보면서 흔적을 남겨두는 것만으로도 충분하다. 지문을 다시 읽으면서 그 단어가 문맥에서 어떻게 쓰이는지 재확인하게 되기 때문이다.

한 문단씩 다시 읽고 요약한다. 이미 읽었고 모르는 단어도 찾아봤기 때문에 글의 주제를 파악한 상태다. 전체 글에서 해당 문단의 역할이 무엇인지 생각하면서 중요한 내용을 선별해야 한다. 요약의 완성도를 평가할 필요는 없다. 무엇이 중요한 내용인지 고민을 하고 썼다면 차츰 나아진다. 다만, 생각의 과정을 거쳤는지는 가끔 확인해봐야 한다. 억지로 요약 훈련을 시키면 보여주기식 공부를 하기 때문이다. 중요해 보이는 단어로 대충 문장을 만들거나 핵심 문장을 하나 골라서 그대로 써놓는 식이다.

지문의 구조도를 그려본다. 글의 뼈대가 어떻게 생겼는지 확인하는 작업이다. 완결된 글에서 거꾸로 글의 개요를 찾다 보면 글 전체가 한눈에 들어오게 된다. 글의 구조화를 연습하면 전체 흐름 예측하며 읽기, 세부 내용 기억하기, 주제 찾기 등 전반적인 읽기 능력이 향상된다. 이를 통해 나무만 보이던 시점에서 벗어나 숲 전체를 조망할 수 있게 되는 것이다.

이제 스스로 요약한 내용과 문제집에서 제시한 내용을 비교한다. 문단별로 핵심 내용을 잘 파악했는지, 구조도가 비슷한지를 확인

한다. 이 과정에서 자신의 요약 내용이나 구조 파악의 개선점을 살펴 다음 지문을 분석할 때 반영한다.

마지막으로 문제를 푼다. 문제를 풀 때는 1번부터 5번까지 모든 선지의 근거를 지문에서 찾아 밑줄을 친다. 빠르게 풀어야 할 이유가 없다. 천천히 모든 근거를 찾아 확인하면서 푼다. 아직 시험 스킬을 배울 필요가 없는 나이다. 공부법 익히기에 중점을 두자. 채점 후 틀린 문제를 풀 때도 다시 근거부터 찾아야 한다.

이렇게 한 지문을 공부하는 데 20분 이상 소요된다. 하루에 한 지문으로 충분하다. 대충 많이 푸는 것보다는 한 지문이라도 제대로 읽는 것이 중요하다. 〔빠작 중학 국어 비문학 독해〕를 추천하는 이유는 모든 지문에서 문단별 요약과 구조도를 다루기 때문이다. 교재에 제시된 문단별 요약과 구조도에 괄호를 채우는 것만으로는 부족하다. 반드시 스스로 요약한 뒤에 비교하는 과정을

《빠작 초등 국어 비문학 독해 5단계》
편집부, 동아출판

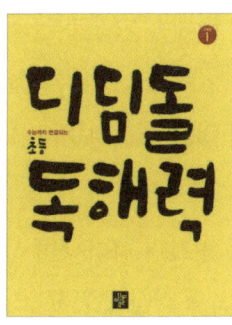

〔디딤돌 초등 독해력 고학년〕
전 4권, 디딤돌

〔빠작 중학 국어 비문학 독해〕
전 4권, 동아출판

거치도록 하자. 〔빠작 중학 국어 비문학 독해〕가 어렵다면 《빠작 초등 국어 비문학 독해 5단계》, 〔디딤돌 초등 독해력 고학년〕을 활용해도 좋다. 가장 권장하는 방법은 《빠작 중학 국어 비문학 독해 0단계》를 풀 수 있는 수준이 될 때까지 독서를 통해 어휘력과 배경지식을 강화하는 일이다. 그보다 쉬운 단계의 비문학 지문 분석이 무의미하다는 것은 아니다. 하지만 아직 초등학생이니 일정 수준까지는 더 자연스러운 방법으로 문해력을 향상시키자. 독서 정서와 학습 정서를 모두 지키는 길이다.

추천 도서:
사춘기 도서, 성장 소설, 고전 소설, 사회·과학책

✦ 사춘기 도서

초등 5~6학년은 사춘기가 시작되는 시기다. 아이는 몸이 훌쩍 컸고 부쩍 짜증도 많아졌다. '아, 올해가 진짜구나'를 매년 반복한다는 사춘기를 걱정만 하고 있을 때가 아니다. 지식과 감정을 모두 준비해야 한다.

먼저 아이에게 신체 변화가 나타나면 성교육을 해야 한다. 5학년과 6학년의 보건 교과에서 남녀 신체 구조의 차이, 생명의 신비에 대해 배운다. 부모가 눈치채지 못할 뿐 이미 아이들의 성 관련

지식은 상당하다. 대부분은 친구들 사이에서 공유된 내용이다. 검증되지 않은 콘텐츠를 부모 몰래 접하는 것보다는 정제된 콘텐츠로 바른 지식을 알려줘야 안전하다. 한국 문화에서 아이에게 직접 성교육을 할 수 있는 부모는 흔치 않다. 나는 도서관에서 사춘기 신체 변화를 다룬 책을 빌려 아이의 책상에 올려뒀다. 신체 변화에 대한 궁금증이 컸던 시기라 그랬는지 아이는 가져다주는 대로 읽었다. 그러고 나서 책으로 해결되지 않는 부분은 성교육 수업을 활용했다. 신체 변화의 원인과 과정, 생리대의 종류와 차이점 및 사용법까지 실물로 자세히 다뤄 궁금증을 해소했다. 이성 친구에 대한 생각과 계획 등 부모에게 털어놓지 않는 아이의 속마음을 알아볼 수 있어서 좋았고, 요즘 아이들의 성 지식과 행위 수준에 대한 정보도 얻을 수 있었다.

대개 여자아이가 남자아이보다 신체 변화의 시기가 조금 더 빠르다. 5학년 중반이면 생리를 시작하는 아이들이 하나둘 생긴다. 남자아이는 6학년 2학기쯤에 변성기가 시작된다. 남녀를 막론하고 이성에 관한 관심과 호기심이 커지는 시기라는 점은 분명하다. 5~6학년은 성별에 상관없이 성교육의 적기다.

사춘기 아이의 감정 변화에 대한 예습도 필요하다. "사춘기 때는 공부를 안 해서 그 전에 선행을 미리 빼야 한대요", "우리 언니를 보면 좀 제정신이 아닌 것 같아요. 엄마랑 만날 소리 지르고 싸워요", "우리 형은 오늘 하루 종일 잔다고 방문 잠그고 학교에 안

갔어요. 저도 형처럼 해보고 싶어요" 등은 아이들이 자주 전하는 말이다. 아이들도 주변에서 다양한 정보를 보고 듣는다. 사춘기가 무엇인지 아느냐고 물으면 '짜증을 많이 내는 시기', '엄마(아빠)와 싸우는 시기', '제정신이 아닌 시기' 등 막연하게 대답한다. 그리고 사춘기 때는 그렇게 행동해도 된다고 짐작한다. 하지만 예외 없이 행동해도 되는 시기란 없다. 아이들은 사춘기에 왜 감정 변화가 일어나고, 그것에 어떻게 대처해야 하는지 알아야 한다. 올바른 지식이 아이를 흔들리지 않게 할 수는 없어도 제자리로 돌아오는 길은 알려줄 수 있다.

사춘기의 신체와 감정 변화에 관한 책은 학년으로 명확하게 구분하기가 어렵다. 아이마다 성장 속도의 차이가 크기 때문이다. 여기서는 임의로 학년을 나눠 소개하니, 아이가 궁금해하는

초등 4학년

[아홉 살 성교육 사전: 남자아이(몸+마음)]
전 2권, 다산에듀

[아홉 살 성교육 사전: 여자아이(몸+마음)]
전 2권, 다산에듀

[사춘기 사전: 준비, 성장]
전 2권, 창비

《그날이야》
로지 케수스, 풀빛

《사춘기라서 그래?》
이명랑, 탐

초등 5학년

《생리를 시작한 너에게》
유미 스타인스 외, 다산어린이

《Why? 사춘기와 성》
전지은, 예림당

《정재승의 인간 탐구 보고서 15(특대호): 소용돌이치는 사춘기의 뇌》
정재승, 아울북

[우리들의 사춘기]
전 3권, 다산어린이

《나의 첫 생리》
매러와 이브라힘, 탐

초등 6학년

《남자 사전》
니나 브로크만 외, 초록서재

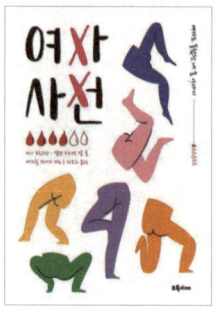

《여자 사전》
니나 브로크만 외, 초록서재

지, 받아들일 준비가 되었는지, 보호자가 먼저 책을 살펴보고 제공하면 좋겠다.

✦ 성장 소설

아이가 권장 도서도 아니고 비문학 도서도 아닌 책을 손에 들고 있으면 괜히 마음이 불편하다. 분명 책 읽는 것은 좋은데, 만화책도 아닌데 말이다. 이 감정의 실체는 무엇일까. 시간이 아깝게 느껴진다. 이 시간에 필독서나 더 읽지. 쟤는 뭐 그리 느긋한가. 조급하고 답답한 건 부모뿐이다. 아니 뭐 성장 소설, 그게 별건가. 어떤 문제가 있고, 결국 그 문제가 해결되고 끝나겠지. 그 뻔한 이야기를 꼭 읽어야 하나.

그런데 아이는 그 뻔한 이야기를 꼭 읽어야 한다. 호비와 함께

양치하던 그 시절로 돌아가보자. 양치할 때마다 왜 호비가 필요했을까. "함께 치카해요. 위로 싹싹 아래로 싹싹. 아~ 시원하다." 이미 다 외우고 있는 이야기를 그렇게도 반복한 이유는 무엇일까. 익숙해지기 위해서다. 익숙해서 편안해지면 다음 단계로 나아간다. 더는 호비를 찾지 않는다. 사춘기에 진입한 아이들에게도 새로운 감정에 익숙해질 시간이 필요하다. 뻔한 이야기 구조의 반복은 불안감을 해소해준다. 또래 친구들이 이렇게도 다양한 갈등 상황을 마주하는구나. 극복해내는구나. 그렇다면 나도 극복할 수 있겠구나. 이렇게 사춘기를 준비할 시간이 필요하다.

성장 소설은 그 나이대 아이들의 고민과 성장 과정을 담고 있다. 책을 통해 다양한 상황을 미리 접하고 고민해볼 기회를 준다. 자신이 겪는, 혹은 겪게 될 감정에 대해 구체적으로 이해할 수 있다. 이 시기 아이들은 자아가 불안정하고 감정 기복이 심하다. 자신이 겪는 감정의 실체와 원인을 명확히 파악하지 못하기 때문에 더욱 혼란스럽다. 성장 소설은 주인공의 내적 갈등과 감정을 상세히 묘사한다. 〔열다섯에 곰이라니〕는 사춘기에 격변하는 아이들의 모습과 또래 집단끼리만 대화가 통하는 사춘기 아이들의 관계를 '사춘기 아이들의 동물화'라는 기발하고 신선한 설정으로 설명한다. 주인공의 감정에 공감하는 과정이 곧 자아를 발견하고 치유하는 시간이 된다.

성장 소설은 사춘기 아이의 도덕적 기준 설정에도 큰 영향을 미친다. 주인공이 옳고 그름을 판단하고 정의나 책임감을 실천하는 모습과 갈등의 해소 과정을 바라보며 그와 유사한 상황에서 자신은 어떻게 행동할지를 고민하게 된다. 《유진과 유진》은 유아 성폭력 피해자 2명이 서로 다른 방법으로 상처를 치유하는 과정을 따라가고, 《체리새우: 비밀글입니다》는 표면적 관계와 내면을 소통하는 관계를 대비하여 진정한 우정의 모습을 구체적으로 보여준다. 책에서 제시되는 해결책이나 갈등 해결 방식은 실제 생활에서의 문제 해결에도 도움이 될 수 있다.

그런가 하면 아이는 성장 소설을 통해 현실에서 마주치는 사회적 이슈들에 대해서도 깊이 생각해볼 수 있다. 뉴스에서 떠드는 사회적 이슈는 내 일상과 밀접하다고 느껴지진 않는다. 하지만 사회는 유기체이며 어떤 사건이든 결국 내 삶에 영향을 미친다는 사실을 깨달아야 한다. 《아몬드》에 등장하는 묻지마 분노 살인, 《유진과 유진》에 등장하는 유아 성폭행 등은 부모로서는 아이가 몰랐으면 좋겠고 절대 겪지 말아야 할 소재다. 하지만 이 세상 어디선가 이런 일은 일어나고 있다. 사회 안전망을 형성하기 위한 노력이 왜 중요한지 생각해볼 필요가 있다. 이 과정을 통해 아이는 자기중심적 사고를 넘어 더 넓은 세상으로 사고를 확장해나갈 것이다.

성장 소설은 부모가 함께 읽어보면 더 좋다. 사춘기는 아이와 부모 사이에 갈등이 많아지는 시기다. 독서를 통해 공통의 관심

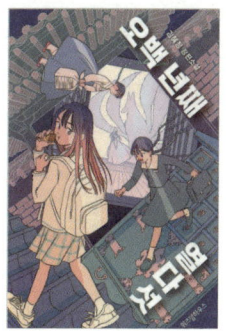
[오백 년째 열다섯]
전 4권, 위즈덤하우스

[죽이고 싶은 아이]
전 2권, 우리학교

[열다섯에 곰이라니]
전 2권, 다산책방

《아름다운 아이》
R. J. 팔라시오, 책과콩나무

《아몬드》
손원평, 다즐링

《페인트》
이희영, 창비

《용기 없는 일주일》
정은숙, 창비

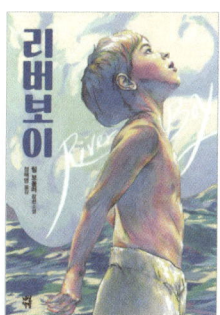
《리버보이》
팀 보울러, 다산책방

《방관자》
제임스 프렐러, 미래인

《세계를 건너 너에게 갈게》
이꽃님, 문학동네

《여름을 한 입 베어 물었더니》
이꽃님, 문학동네

《체리새우: 비밀글입니다》
황영미, 문학동네

《순례 주택》
유은실, 비룡소

《알로하, 나의 엄마들》
이금이, 창비

《유진과 유진》
이금이, 밤티

《기억 전달자》
로이스 로리, 비룡소

《줄무늬 파자마를 입은 소년》
존 보인, 비룡소

《바르톨로메는 개가 아니다》
라헐 판 코에이, 사계절

사를 만들고 대화의 소재를 확보할 수 있다. 함께 읽으면 그 시간 자체가 정서적 유대를 강화하는 기회가 된다. 서로의 감상이나 의견을 공유함으로써 감정적으로 더 가까워지며 자기 생각을 정리하고 다른 사람의 관점을 수용하는 법을 배울 수 있다.

✦ 고전 소설

《홍길동전》,《허생전》 등 수능에서 등장하는 고전 소설을 말한다. 고등학교 때는 정말 읽을 시간이 없다. 어휘가 생소해서 읽기 어려울 뿐 이야기 구조는 단순하다. 쉽게 쓰인 책으로 미리 줄거리를 파악해두면 나중에 원전을 읽기가 훨씬 수월하다.

〔재미만만 우리고전〕은 아이들이 읽을 수 있는 수준으로 윤색이 되어 있고 분량도 많지 않다. 그림도 익살스러워 전래 동화책과 수준 차이가 크게 느껴지지 않을 정도다. 5학년이면 적당히 쉽고 재미있게 읽을 수 있다. 권선징악, 천상계와 지상계 등 고전 소설의 세계관에 익숙해지기만 해도 지문과 문제를 접할 때 굉장히 유리해진다.

〔국어 시간에 고전 읽기〕는 원전에 가까워 수능 준비서로도 충분하다. 시리즈가 개정되면서 일부 변화가 생겼지만 30권 내외이므로 중등까지 길게 잡고 1개월에 1권만 읽어도 고등학교 입학 전에 전권을 다 읽어볼 수 있다. 방학 기간 매일 1권 읽기에 도전해봐도 좋다. 인물 관계도 정리, 줄거리 요약, 주요 어휘

[재미만만 우리고전]
전 20권, 웅진주니어

[재미있다! 우리 고전]
전 20권, 창비

[국어 시간에 고전 읽기]
전 27권, 휴머니스트

의미 확인 정도만 해도 충분하다. 고전 소설 작품을 분석하고 암기하여 문제 풀기는 중학교 3학년부터 해도 된다.

◆ **사회·과학책**

초등 3~4학년 때 학습 동화를 통해 사회·과학에 대한 배경지식을 쌓았다면 초등 5~6학년에는 비문학책에 도전해보자. 같은 주제의 책을 여러 권 겹쳐 보면 이해에 도움이 된다. 중요한 내용은 모든 책에서 공통으로 다루기 때문에 무엇이 중요한지를 직접 확인할 수 있고, 여러 작가의 설명 방식을 접하며 내가 쉽게 이해할 만한 방법을 찾을 수도 있다. 같은 주제의 책을 여러 권 고른 다음, 편집이 마음에 드는 책부터 무작위로 선택해 읽어도 좋다. 꼭 3권을 읽어야 한다거나 쉬운 책부터 단계를 밟아 읽을 필요는 없다. 고른 책을 완독해야 한다는 부담도 버리자. 책을 통한 학습 방법 익히기가 목적이므로 여러 권의 책에서 필요한 부분만 골라서 읽는 것도 유용한 도구가 될 수 있다.

다만 사회·과학의 범주가 매우 넓기에 주제별로 여러 권의 책을 묶어 추천하기란 어렵다. 책을 고를 때 가장 권장하는 방법은 전집을 한 질 구매한 다음에 그중 1권을 읽을 때마다 같은 주제를

과학

[과학 뒤집기 기본편]
전 40권, 성우주니어, 전집으로만 판매

[용선생의 시끌벅적 과학교실]
전 40권, 사회평론

한국사

[전국역사교사모임 선생님이
쓴 제대로 한국사]
전 10권, 휴먼어린이

[어린이를 위한 역사의 쓸모]
전 3권, 다산어린이

[용선생의 시끌벅적 한국사]
전 10권, 사회평론

세계사

[나의 첫 세계사]
전 20권, 휴먼어린이

[교양으로 읽는 용선생 세계사]
전 15권, 사회평론

《세계사를 한눈에 꿰뚫는
대단한 지리》
팀 마샬, 비룡소

《식탁 위의 세계사》
이영숙, 창비

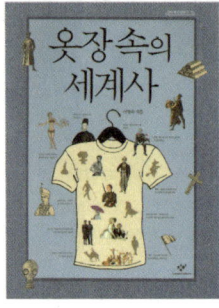

《옷장 속의 세계사》
이영숙, 창비

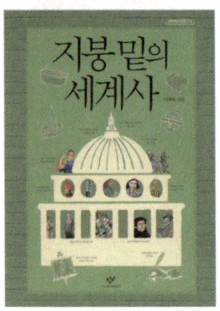

《지붕 밑의 세계사》
이영숙, 창비

《세계사를 바꾼
향신료의 왕 후추》
김향금, 웅진주니어

다룬 도서를 도서관에서 여러 권 빌리는 것이다. 예를 들어 〔과학 뒤집기 기본편〕을 소장하고 있다면 《1 우리 몸》을 읽을 때 〔과학은 쉽다!〕(비룡소)의 《3 우리 몸의 기관》, 〔초등융합 사회과학 토론왕〕의 《42 세균과 바이러스 꼼짝마! 약과 백신》, 〔용선생의 시끌벅적 과학교실〕의 《13 소화와 배설》과 《17 호흡과 순환》을 함께 빌려 보는 방식이다. 주제가 완전히 일치하지 않아도 괜찮다. 어떤 부분은 겹치고, 또 다른 부분은 확장된 책을 동시다발적으로 경험하면 지식의 폭이 훨씬 넓어진다. 이때 집에 소장하고 있는 전집이 주제 선정의 기준이 된다.

비문학 도서는 아이가 스스로 읽는 일은 적지만, 해당 지식을 다루는 동화를 읽을 때나 학교에서 관련 내용을 배울 때, 뉴스에서 해당 주제를 다루는 기사를 접할 때 등 다양한 상황에서 꺼내 볼 수 있다. 사회, 역사, 과학 전집은 각각 한 질씩 집에 소장해두면 좋다. 주제 확장의 기준으로 사용할 것이므로 최대한 다양한 주제를 다루는 전집으로 선택한다.

04

예비 중학생(6학년 최상위권): 취미 독서 3시간 + 학습 독서 1시간 + 국어 학습 2시간

주력 목표:
성인 수준의 독서력 확보

　예비 중학생을 위한 내용은 6학년 최상위권 아이들을 위한 것이다. 기파랑문해원 초등관 입학시험을 기준으로 국선, 기파랑 단계를 배정받을 수준이면 국어 최상위권이라고 할 수 있다. 시중 문제집 난도로 설명하자면 《디딤돌 독해력 중학 국어 생각독해 1》의 지문을 15분 이내에 읽고 이해하여 문제를 풀 수 있는 수준이다. 물론 비문학 문제 풀이만으로 아이의 독서력을 판단할 수는 없지만, 현재로서는 이외에 다른 객관적인 지표를 찾기가 어렵다. 그리고 어떤 책을 읽은 것과 그 책의 내용을 충분히 이해했는지는 별개의 문제다. 읽었으나 이해하지 못하고 글자와 줄거리만 기억하기도 한다. 이렇게 최근 읽은 책의 목록을 확인해도 정확하게 아이의 수준을 파악하기 어렵다. 따라서 우리 아이가 최상위권인지 아닌지는 직접 부딪히며 판단해야 가장 정확하다. 평소 아이의 독서 습관과 여기서 제시하는 책의 목록을 비교해보고 도전할 만한지를 판단해보자. 이번 꼭지의 설명 대상은 5~6학년과 일부 겹치기 때문에 아이의 상황에 맞춰 독서 수준을 세밀하게 조정했으면 한다.

6학년 최상위권의 독서는 '성인 수준의 독서력'을 목표로 한다. 하지만 '더 어려운 책을, 더 많이'가 아니라 '어떤 종류의 책도 읽을 수 있을 만큼의 성장'에 초점을 맞췄으면 한다. 여기서 말하는 '성인 수준의 독서력'이란 아이가 읽는 책의 선택 범위를 넓혀보자는 의미다. 어린이·청소년 도서로 분류되지 않았더라도 '이 책도 재밌겠는데…'라는 생각을 할 수 있어야 한다. 베개로 써도 될 만큼 두껍더라도 '읽어볼까?'라고 쉽게 생각할 수 있어야 한다. 한계를 넘어서는 경험이 1번, 2번, 3번… 누적되면 독서 대상이 무한해진다. 서점에 들어가 어떤 책이든 겁 없이 집어 들 수 있는 사람이 되길 바란다. 지금까지 독서 습관을 잘 유지해왔다면 흥미로운 이야기에 몰입하는 시간을 즐길 것이다. 마음이 두서없이 바쁜 시기다. 하지만 의식적으로 독서를 우선해야 독서의 끈을 놓지 않을 수 있다.

실천법:
아이의 심리 자극부터 국어 문법 학습까지

✦ 취미 독서 실천법:
허세의 적절한 이용

허세는 사춘기 아이에게서 나타나는 자연스러운 심리 반응이다. 이 시기의 아이들은 또래와 자신을 끊임없이 비교하며 자존감을 지키기 위해 자신을 실제보다 더 대단하게 보이도록 하는 말과 행동을 하기도 한다. 예를 들어 "이번 시험은 잘 봤어?"라고 물었을 때 아이가 "난 공부 안 해도 80점은 나와"라고 대수롭지 않게 말하거나, "내가 마음먹고 공부하면 전교 1등도 할 수 있어"라고 말한다면, 그 말 속에는 불안과 열등감을 감추려는 마음이 담겨 있을 수 있다. 또 자존감을 지키고 싶어 친구를 깎아내리며 "걔는 나보다 실력은 별로인데 선생님이 걔만 좋아하잖아"라고 말하기도 한다.

아이의 허세를 독서에도 이용해보자. 처음부터 두꺼운 책을 읽어보라고 부담을 주기보다는 "요즘 책 좀 읽는다는 애들은 다 이거 읽던데. 너도 읽을 수 있겠어?"라며 두꺼운 책이나 어려워 보이는 책에 도전하도록 유도하는 것이다. 그러면 아이가 "나도 이 정도쯤은 읽을 수 있어"라며 자신의 수준보다 조금 높은 독서도 해낼 수 있게 된다. 이런 과정을 통해 성취감을 느끼고 독서에 자신감도 쌓이는 법이다.

허세는 비난의 대상이 아니라 아이의 심리적 욕구를 긍정적으로 활용할 수 있는 신호다. 허세를 통해 더 나은 책으로 아이를 이끌고, 문학을 통해 아이에게 자신을 비춰 보는 기회를 제공한다면, 사춘기의 혼란 속에서도 조금씩 성장해가는 아이의 모습을 발견할 수 있을 것이다.

◆ 학습 독서 실천법:
교과서 수록 단편 소설 읽기

중학교 입학 전에 교과서에 수록된 단편 소설을 읽는 이유는 시대적 배경을 이해하고 어휘에 익숙해지기 위해서다. 소설과 함께 특정 시대의 역사와 문화를 이해해서 읽어두면 같은 시대를 배경으로 한 다른 소설을 만났을 때 그 맥락을 빠르고 쉽게 파악할 수 있다. 어휘도 지금은 사용하지 않아 생소하지만 여러 소설을 읽다 보면 비슷한 단어가 반복되기 마련이다. 그러므로 반드시 전문을 읽어야 한다.

소설을 읽고 이해하기 위해서는 시대적 배경을 먼저 이해해야 한다. 그래야 인물이 처한 문제, 문제를 대하는 태도, 그것을 해결하는 방식에 공감할 수 있다. 〈동백꽃〉에서 점순이는 '나'에게 감자를 건네준다. 이 소설을 읽으며 아이들은 초콜릿도 아니고 감자 따위를 주니까 고백을 안 받아주는 것이라고 답한다. '나'는 왜 가만히 당하고만 있냐며 학폭을 걸어야 한다고 화내기도 한다. 예비 중학생이 단편 소설을 미리 읽는 이유는 인물 관계도나 줄거리를 예습하기 위해서가 아니다. 단편 소설을 매개로 하여 소설의 배경이 되는 시대 상황을 알고, 그 안에서 맥락을 파악하는 힘을 키우기 위해서다. 단편 소설 미리 읽기는 취미 독서의 영역이 아니다. 명백하게 학습 독서다. 그래서 더 꼼꼼하게 모르는 부분을 메워가며 읽어야 한다.

감자가 보릿고개를 견디는 데 얼마나 귀한 음식이었는지, '나'의 가족은 왜 무일푼으로 이 동네에 이사를 오게 되었는지, 마름이란 무엇이고 1930년대 마름의 권력은 어느 정도였는지, 당시 결혼 적령기였던 16세 남녀의 스캔들은 얼마나 위험했는지, 아무리 괴롭혀도 반응이 없던 '나'는 왜 닭을 건드렸을 때 이성을 잃고 폭발했는지, 노란 동백꽃 속으로 넘어지며 정신이 아찔해진 이유는 정말 알싸한 동백꽃 향기 때문이었는지…….

이것은 중학생이 된다고 저절로 이해가 되는 내용도 아니고, 초등학생이라 이해하기 힘든 내용도 아니다. 인위적으로 배경지식을 확장하는 과정이 필요하다. 해설이 수록된 책을 읽거나 해설 영상을 함께 찾아보기를 추천한다. 시대적 배경은 제대로 한 번 이해해두면 다른 소설을 읽을 때도 적용할 수 있다.

그렇다고 아직 문학 문제집을 연계해서 풀어볼 필요까지는 없다. 문학 문제 풀이를 위해서는 먼저 문학 개념을 암기해야 하는

데, 이는 중학교 진학 후 교과 수업에서 문학 개념을 배운 뒤에 시작해도 된다. 개념을 문제에 적용하는 훈련을 통해 분석법을 익히는 것은 독서가 아닌 학습의 영역이다. 지금은 그저 소설 전문을 해설과 함께 읽기를 권한다.

✦ 국어 학습 실천법:
어휘력 강화, 독해집 풀이, 국어 문법 학습

방법 ① 어휘력 강화

어휘가 무엇보다 중요하다. 하지만 이미 학습이 시작된 시기이므로 풀어야 할 교재의 수가 많아지면 부담을 느낀다. 소설에서 등장하는 어휘, 비문학 독해집 지문에서 모르는 어휘를 누적해서 암기하고 있다면 별도의 교재를 사용하지 않아도 된다. 지

《EBS 어휘가 독해다!
중학 국어 어휘》
EBS, 한국교육방송공사

《EBS 어휘가 독해다!
수능 국어 어휘》
EBS, 한국교육방송공사

《숨마쿰라우데 고등 국어
어휘력 강화》
편집부, 이룸이앤비

금까지 어휘를 따로 암기한 적이 없다면 1~2권 정도 경험해봐도 좋다. 단, 단순히 눈으로 교재를 훑고 문제를 푸는 수준에 그쳐서는 안 된다. 앞서 초등 5~6학년 꼭지에서 설명한 바와 같이 단어를 구성하는 한자의 훈과 음 및 정의를 따라 쓰고 해당 어휘를 활용한 예문까지 써봐야 한다.

방법 ② 독해집 풀이

〔빠작 중학 국어 비문학 독해〕를 모두 끝냈다면 〔디딤돌 독해력 중학 국어 생각독해〕, 그다음 단계로 《예비 매3비 매일 지문 3개씩 공부하는 비문학 독서 기출》, 《라이트 매3비 매일 지문 3개씩 공부하는 비문학 독서 기출》을 추천한다. 〔빠작 중학 국어 비문학 독해〕에 비해 지문의 난도가 높다.

예비 중학생이라도 독해집 풀이가 처음이라면 〔빠작 중학 국

〔디딤돌 독해력
중학 국어 생각독해〕
전 5권, 디딤돌

《예비 매3비 매일 지문 3개씩
공부하는 비문학 독서 기출》
안인숙, 키출판사

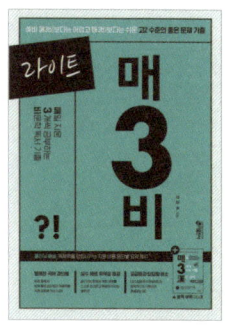

《라이트 매3비 매일 지문 3개씩
공부하는 비문학 독서 기출》
안인숙, 키출판사

어 비문학 독해)부터 풀자. 비문학 교재를 학습하는 방법은 초등 5~6학년과 같다. 각 문단에 번호를 매기고 지문을 읽으며 모르는 단어를 표시한다. 문단별로 요약을 한 뒤에 구조도를 그린다. 스스로 요약한 내용을 교재에서 제공하는 문단별 핵심 내용과 비교하여 개선점을 확인한다. 문제를 풀 때는 답을 찾기 전에 1번부터 5번까지 모든 선지의 근거를 지문에서 찾아 밑줄을 친다. 당장 시험에서 성과를 내야 하는 것이 아니므로 빠르게 풀어야 할 이유가 없다. 한 지문당 시간이 20분 넘게 소요되더라도 제대로 읽어 내야 한다.

방법 ③ 국어 문법 학습

문법 특강을 수강하는 아이들을 살펴보면 둘째가 월등히 많다. 첫째를 키우면서 그 필요성을 절감한 경우다. 특히 암기 속도가 느린 아이라면 꼭 중학교 입학 전에 문법을 한번 정리하기를 권한다. 물론 암기 과목이므로 내신 기간에는 다시 외워야 한다. 하지만 내가 어느 부분을 배우고 있는지 위치를 알고 학습하는 것은 굉장히 중요하다. 단편적인 지식만 암기하면 기존에 내가 가진 지식과 연결하기가 어려워 쉽게 휘발되기 때문이다.

중등 문법의 내용은 크게 음운, 단어, 문장으로 나뉜다. 음운을 조합하면 단어, 단어를 조합하면 문장이 된다. 따라서 음운의 형성 원리와 조합 규칙, 단어의 형성 원리와 조합 규칙, 문장의 형성

원리와 조합 규칙을 먼저 학습한다. 이후 표준어 규정과 맞춤법 규정에서 앞선 내용을 총정리한다. 이외에는 훈민정음에 대해서 간략히 배우고, 중세 국어는 고등 과정에서 접하게 된다.

이렇게 내용의 연계성이 뚜렷한데도 중등 교과서에서 문법 단원은 한 학기에 하나씩 나눠서 등장한다. 앞선 학기에 문법을 제대로 공부하지 못했다면 계속 어려움을 겪게 된다. 해당 학기에 문법을 열심히 공부했어도 교과 내용이 지속적이지 않아 단기 기억에만 머물러 있다가 머릿속에서 사라지기도 한다.

중학교에서 배울 국어 문법의 설계도를 갖고 있다면 문법 내용이 단기 기억에서 사라질 위험이 줄어든다. 내가 문법의 어느 부분을 배우는지, 앞선 내용과 어떤 점이 연결되는지를 확인하며 나아갈 수 있기 때문이다. 3년간 배울 내용이라고는 하지만 문제집 1권 분량이 전부다. 내용이 많지 않으니 학원 특강이나 인터넷 강의를 이용하여 전 범위를 한번 훑어보면 큰 도움이 된다. 특히 중1 과정의 품사표를 완벽하게 익히면 이후의 문법 진도가 쉬워진다. 시간이 부족하다면 단어 단원만이라도 미리 공부하자.

그동안 국어 문법은 수능에서 '언어와 매체'라는 선택 과목으로 운영되었고, 주로 상위권 학생들이 선택했다. 상위권 학생들은 범위가 명확하여 한번 공부해두면 효자 노릇을 해주는 문법이 효율적이라 느꼈을 테지만, 이외의 학생들은 문법 내용을 완벽히 암기하는 일에 부담을 느꼈을 것이다. 2028학년도 수능부터는 국어에서 선택 과목이 사라진다. 모든 학생이 수능에서 국어 문법 문제를 풀어야 하므로 그 중요성이 커진 셈이다.

국어 문법은 현장 강의에 참석해 암기와 테스트를 병행하며 관리를 받으면 좋다. 물론 EBS, 강남인강(강남구청 인터넷 수능방송), 엘리하이 등 인터넷 강의를 통해 해결하는 방법도 있다. 이때는 수동적으로 강의를 듣고 곧바로 문제 풀이를 시작하면 안 된다. 반드시 암기를 우선하고 문제에 적용하는 순서로 학습하자. 강의를 듣는다면 해당 교재를 사용하고, 혼자 공부한다면 《빠작 중학 국어 첫 문법》을 추천한다.

《**빠작 중학 국어 첫 문법**》
이은정, 동아출판

단, 독서력이 부족한 아이라면 문법을 미리 학습하기보다는 기본 문해력 향상에 더 힘을 쏟아야 한다. 그동안 6학년을 대상으로 중등 문법 특강을 진행해본 결과, 문법 수업의 이해도와 암기 속도가 아이의 문해력에 비례하는 경향이 있었다. 즉, 학원에서 높은 단계를 수강하고 있는 아이일수록 문법 수업을 쉽게 이해하고 암기했으며 문제 적용까지 수월하게 이어갔다. 실력 부족으로 정규 과정에 입학하지 못한 상태에서 문법 특강을 수강하는 사례가 간혹 있었는데, 이런 친구들은 예외 없이 1개월을 채우지 못하고 퇴원했다.

추천 도서:
청소년 도서, 문학 벽돌책, 일반 도서, 교과서 수록 단편 소설

◆ 청소년 도서

　부모의 마음이 조급해지는 시기, 아이도 환경의 변화를 앞두고 불안하기는 마찬가지다. 아이들과 이야기를 나눠보면 중학교 생활에 대한 기대보다는 초등학생으로 남고 싶은 아쉬움이 더 크다. 중학교 내신 시험에 대한 부담감이 가장 큰 이유이고, 학습량이 많아진다는 것에 대한 마음의 준비도 대단하다. 내가 진학할 학교는 국어는 쉽고 수학이 어렵다더라, 한자 수행이 외울 게 많다더라 등 나름대로 수집한 정보를 주고받는다. 그래서 수학 선행을 더 해야 한다거나 미리 한자를 좀 외워두면 좋다는 등의 결론을 내린다. 마치 부모님의 결정에 동의하고 따르는 것처럼 보인다. 하지만 아이들도 그들 나름의 정보를 취합하고 마음의 준비를 하고 있다. 물론 마음의 준비가 꼭 구체적인 행동으로 이어지지는 않는다. 중요한 건 집에서는 아무 생각 없이 행동하더라도 나름대로는 고민이 많고 불안한 시기라는 것이다. 어쩌면 다른 어떤 학습적인 준비보다 아이의 불안감을 해소할 수 있는 환경을 만들고, 안정적인 관계를 유지해야 하는 시기일지도 모르겠다. 불안감이 클 때는 중학교 생활을 간접 경험할 수 있는 청소년

『수학특성화중학교』
전 6권, 뜨인돌

《스파클》
최현진, 창비

《모범생의 생존법》
황영미, 문학동네

《50일간의 썸머》
유니게, 특별한서재

《브로콜리를 좋아해?》
김지현, 사계절

《페이스》
이희영, 현대문학

도서가 도움이 된다. 불안은 대상을 알지 못할 때 더욱 커지기 때문이다. 주제가 꼭 학교생활이 아니더라도 중학교를 배경으로 하는 이야기는 학교생활의 단면을 들여다보기에 충분하다.

✦ 문학 벽돌책

최상위권이라면 문학 벽돌책에 도전해보자. 벽돌책은 500쪽 이상의 두꺼운 책을 말한다. 보통 벽돌책이라 했을 때 떠오르는 도서는 《코스모스》(720쪽), 《사피엔스》(636쪽), 《총·균·쇠》(784쪽) 등으로 성인에게도 부담스러운 두께다. 다행히 생각보다 내용이 그리 어렵지는 않아서 나눠 읽으면 못 읽을 수준은 아니다. 물론 대부분 비문학책이라 더욱 심리적 거리감이 느껴지고 관심의 정도에 따라 독서가 아주 괴로운 과정이 될 수도 있다. 그래서 벽돌책이 문학책이라면 좀 낫겠다는 생각이 들었다. 문학은 이야기에 몰입하기 시작하면 시간 가는 줄 모르고 읽게 되므로 예상보다 쉽게 분량의 한계를 넘어서는 경험을 할 수 있기 때문이다. 5~6학년은 250쪽 분량의 소설책을 수월하게 읽기가 목표였다. 이 정도만 되어도 분량이 겁나서 읽지 못하는 책은 거의 없다. 하지만 최상위권이라면 문학 벽돌책을 읽고 난 뒤에 뿌듯함을 느껴보길 바란다. 정말 어떤 책도 두렵지 않다는 자신감이 생길 것이다.

✦ 일반 도서

타깃이 아동·청소년이 아닌 일반 도서도 읽어보자. 청소년 도서의 독서량이 많아지면 아이는 이야기 구조가 반복됨을 느낀다. 갈등 해결과 성장 구조가 주된 틀을 이루기 때문이다. '결국엔 반성하겠지. 어차피 화해할 거 아니야?'라며 냉소를 뿜어내기 시작

[책도둑]
444쪽·356쪽, 전 2권, 문학동네

《모모》
428쪽, 미하엘 엔데, 비룡소

《끝없는 이야기》
704쪽, 미하엘 엔데, 비룡소

《파이 이야기》
476쪽, 얀 마텔, 작가정신

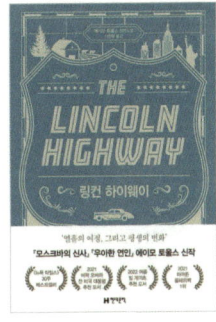
《링컨 하이웨이》
820쪽, 에이모 토울스, 현대문학

《창문 넘어 도망친 100세 노인》
508쪽, 요나스 요나손, 열린책들

《오베라는 남자》
452쪽, 프레드릭 배크만, 다산책방

《해저 2만 리》
566쪽, 쥘 베른, 작가정신

《걸리버 여행기》
506쪽, 조너선 스위프트, 비룡소

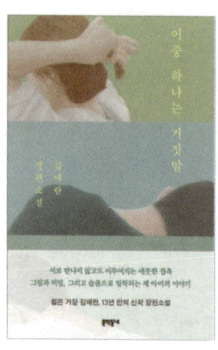

《이중 하나는 거짓말》
김애란, 문학동네

《지구에서 한아뿐》
정세랑, 난다

《두근두근 내 인생》
김애란, 창비

《아홉살 인생》
위기철, 현북스

《불편한 편의점》
김호연, 나무옆의자

《눈 감으면 보이는 것들》
신순규, 판미동

《시선으로부터,》
정세랑, 문학동네

《좀머 씨 이야기》
파트리크 쥐스킨트, 열린책들

《수레바퀴 아래서》
헤르만 헤세, 민음사

《맡겨진 소녀》
클레어 키건, 다산책방

《이처럼 사소한 것들》
클레어 키건, 다산책방

할지도 모른다. 이럴 때는 굳이 청소년 성장 소설을 더 권할 필요가 없다. 자신의 독서력과 무관하게 허세를 부리며 성장을 과시한다면 오히려 허세를 더 부리도록 부추겨보자. 이런 허세라도 자극해서 독서를 이어가야 한다. "청소년 도서가 유치하다면 이제 어른책도 읽어볼래?" 하고 건네보자. 너무 무겁지 않게 몰입할 수 있는 문학책을 주는 것이 포인트다. 역시 난 어른책을 읽어도 이해가 잘된다고 느끼도록 말이다. 이런 허세라면 적극적으로 권장한다.

✦ 교과서 수록 단편 소설

교과서 수록 단편 소설은 반드시 전문을 읽어야 한다. 시간이 부족하다고 요약과 해설을 겸한 안내서를 읽으면 감상 능력을 함양하기 어렵다. 조각난 이야기는 쉽게 기억에서 사라진다. 이것은

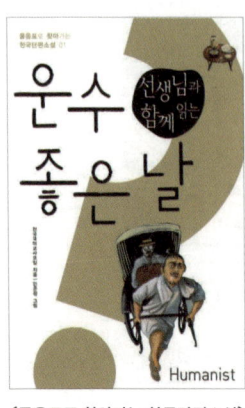

[물음표로 찾아가는 한국단편소설]
전 25권, 휴머니스트

지문을 통해 소설의 일부를 접하는 학습과 크게 다를 바가 없다.

아이들이 단편 소설에 공감하기 어려워하는 이유는 소설의 배경이 되는 시대 상황이 머릿속에서 그려지지 않기 때문이다. 그렇기에 시대적 맥락 안에서 일어난 사건과 인물의 태도를 이해할 수 없다. 해당 시대의 역사와 문화를 이해하고, 주인공의 감정에 공감하려는 시도가 단편 소설을 미리 읽는 목적이다. 소설의 시점, 구성, 표현법 등을 암기하고 문제를 푸는 일은 시험에 앞서 준비해도 된다. (물음표로 찾아가는 한국단편소설)은 작품에 대한 해설은 물론, 작가 소개, 시대 설명, 함께 읽으면 좋을 소설 목록까지 제시해준다. 꼭 이 시리즈가 아니더라도 소설 전문 및 배경지식과 어휘 등을 함께 제공하는 책을 활용하기를 권한다.

3장

아이를 상위 1%로 이끄는 실천력 향상법

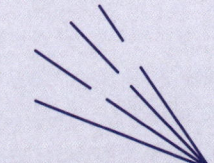

3장

**아이를 상위 1%로 이끄는
실천력 향상법**

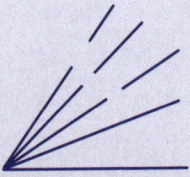

01
책과 친해지는 독서 환경 만들기

독서 정서:
진짜 독서는 감정에서 시작된다

독서는 학습의 기초일 뿐만 아니라 아이의 평생 삶과 연결되는 중요한 활동이다. 그래서 많은 부모는 아이가 '얼마나 많이 읽는지', '무슨 책을 읽는지'에 관심을 가진다. 그러나 그보다 먼저 살펴야 할 것이 있다. 바로 아이가 책을 대할 때 느끼는 감정, 즉 '독서 정서'다.

==독서 정서란 책을 펼치는 순간 아이가 느끼는 감정의 패턴을 말한다.== 어떤 아이는 설레면서 책장을 넘기고, 어떤 아이는 표지만 봐도 한숨을 쉰다. 이 감정은 책을 대할 때마다 반복되어 마음속에 '책이란 이런 것'이라는 인식을 만든다. 아이가 독서를 긍정적

인 감정과 연결할수록 책은 삶 속에 자연스럽게 스며들고 독서 습관도 단단해진다.

하지만 많은 경우 독서는 '공부'나 '과제'로 여겨진다. "끝까지 읽어야 해", "독후감 써야지", "이 책은 꼭 읽어야 해"와 같은 말은 아이에게 독서를 '해야만 하는 일'로 느끼게 만들고, 결국 독서에 대한 부정적 정서를 심는다. 반대로 스스로 고른 책을 재미있게 읽은 경험은 독서에 대한 즐거운 기억을 남겨 다시 책을 펼치고 싶은 마음을 키운다.

독서 습관은 감정 위에 자란다. 책을 억지로 읽히기보다 아이가 책을 편안하게 느끼고 자연스럽게 가까워질 수 있도록 돕는 것, 이것이 바로 부모가 해야 할 역할이다. 이어지는 내용에서는 먼저 부정적 독서 정서가 어떻게 형성되는지 살펴본 다음, 긍정적 독서 정서를 기르는 방법과 독서 접근성을 높이는 구체적인 실천 방안을 차례로 제시하고자 한다.

부정적 독서 정서:
아이가 책과 멀어지는 이유

아이가 독서를 멀리하는 가장 큰 이유는 '누군가의 강요' 때문이다. 책이 부모의 통제 수단이 되거나 학습으로 느껴질 때 아이는 책 읽기를 거부하게 된다. 아이는 부모의 행동 패턴을 잘 안다. "국어 숙제가 낫지, 수학 숙제보단…" 하며 타협을 시도하거나, "엄마 잔소리 듣는 것보단 선생님이랑 있는 게 낫죠"라며 회피 전략을 짜기도 한다. 부모의 기대와 강요 때문에 독서를 하는 순간, 그 책은 아이에게 '해야만 하는 일'이 되어버린다.

"끝까지 읽어야 해"라는 말은 독서를 완성해야만 가치가 있다고 느끼게 한다. 하지만 성인에게조차 흥미 없는 책을 억지로 읽는 일은 고통스럽다. 1/3쯤 읽었는데도 도저히 흥미가 생기지 않는다면 과감히 덮을 수 있어야 한다. 자신의 책 취향을 찾아가는 과정이기도 하고, 이런저런 책을 찾는 과정에서 오히려 읽기의 양이 늘어날 수도 있기 때문이다. 읽기에는 다양한 방법이 있다. 때로는 필요한 부분만 발췌해서 읽을 수도 있고, 여러 권의 책을 동시에 읽을 수도 있다. 식사 전 하루에 하나의 챕터씩만 쪼개서 읽어도 아무 문제가 없다. 식탁에서는 A책을, 침대에서는 B책을, 소파에서는 C책을 틈날 때마다 나눠 읽는다고 해도 괜찮다. 그냥 오늘도 지금도 읽는다면 그걸로 충분하다. 이런 선택의 자유가 독서를 가볍고 일상적인 활동으로 만든다.

"더 어려운 책을 읽어야 해"라는 압박은 아이의 속도보다 부모의 욕심이 앞서기에 문제가 된다. 부모는 아이에게 사고력을 키우고, 배경지식을 확장하며, 교과 학습에도 도움이 될 만한 책을 권하고 싶다. 하지만 아이의 흥미와 이해가 따라가지 못하면 책이 즐거울 리 없다. 아이는 부모의 숨은 기대를 금세 알아차려 책과 멀어지게 된다.

유튜브에서 '아들이 게임에 질리게 만드는 방법'에 대한 영상을 본 적이 있다. 매일 게임 시간을 정해두고 레벨 업 목표를 짠 다음에 엄마가 옆에서 계속 잔소리하는 모습이었다. "오늘 게임에서 몇 레벨까지 올라갔니?"라는 엄마의 말에 아이는 게임을 그만둔다. 강요와 압박이 느껴지면 게임조차도 즐겁지 않다는 것이다. 하물며 게임도 이러한데, 독서는 말해 무엇할까. 아이가 독서를 해야 할 일이라고 다짐하게 만들지 말자. 온전히 아이가 선택하여 자기만의 속도로 나아갈 수 있도록 기다려야 부정적 정서를 남기지 않을 수 있다.

"이 책을 꼭 읽어야 해"라는 집착도 문제다. 필독서이거나 학습에 도움이 된다는 이유로 특정 책을 강요받으면 독서는 놀이가 아닌 과제로 인식된다. 스스로 고른 책이 아니라면 아이는 '읽고 싶어서'가 아니라 '읽어야 하니까' 책을 집어 든다. 독서를 할 때마다 다짐과 도전이 계속되어야 한다면 삶의 긴장도가 너무 높아진다. 독서는 가벼운 휴식이자 놀이가 될 때 비로소 일상에 자리 잡는다.

이처럼 아이의 독서를 무겁게 만드는 건 책의 난도나 분량이 아니다. **누군가의 강요로 시작된 독서, 선택권 없이 주어진 책, 완독을 강요당하는 분위기가 긍정적 독서 정서의 형성을 방해한다.**

그 결과, 책은 즐거움보다는 피로를 유발하는 대상으로 인식되어 아이는 점점 책을 멀리하게 된다. 독서는 선택의 자유와 감정의 여유가 있을 때 비로소 삶 속에 스며드는 법이다. 아이가 가볍게 책을 손에 들고 필요하면 내려놓을 수 있어야 책과의 거리를 좁힐 수 있다. 하지만 그렇다고 해서 아이가 자발적으로 책을 읽을 때까지 무작정 기다리는 것도 해결책은 아니다. 기다리기만 해서는 변화가 오지 않는다. 부모는 아이를 재촉하지 않으면서도 책 읽기를 삶 속에 녹여낼 수 있도록 환경을 설계하고 태도를 조율해야 한다. 독서 습관은 억지로 만들 수도 없지만, 결코 저절로 형성되지도 않는다.

그렇다면 핵심은 무엇일까? 책을 읽는 마음이 가벼워야 한다. 이것이 바로 독서 환경을 조성하는 출발점이다. 마음이 가볍다면 시작이 쉽고, 그 시작이 반복되면서 습관으로 이어질 확률도 커진다. 여러 차례의 시도 끝에 마음에 꼭 드는 책을 만나 이야기에 온전히 몰입하는 경험, 이것이 아이를 다시 책으로 이끄는 가장 강력한 원동력이다. 무엇이든 읽기만 시작하면 된다. 책은 1장을 넘기면 어느새 2장이 넘어가고, 1권을 읽으면 2권을 읽게 되는 법이다. 첫 장을 펼치게 만드는 것이 바로 부모의 역할이다.

그럼 어떻게 아이로부터 읽고 싶은 마음을 이끌어낼까? 판을 깔아두고 걸려들기를 기다리는 수밖에 없다. 계속 다양한 미끼를 던져서 아이가 무엇에 반응하는지를 지켜보자. 시도 없이는 아이의 독서 취향도, 자극받는 방식도 알 수가 없다. 어떤 방법이든 계속해서 시도해야 결국 '무엇'이 된다. 효과가 없다고 느껴질 때도 있고, 효과가 나타나는 데 오랜 시간이 걸리기도 한다. 이제 습관이 잡힌 것 같다가도 한순간에 다시 책과 멀어지기도 한다. 때로는 모든 노력이 결과를 내지 못한 채 허무하게 흘러가는 양 느껴지지만, 전혀 소득이 없는 건 아니다. 엄마(아빠)가 노력하고 있음을 아이는 알고, 그 정성이 결국 아이의 마음 어딘가에 닿아 책과 삶을 연결하는 씨앗이 된다.

이어지는 내용에서는 그 치열하고도 치사했던 나의 '삽질' 기록을 나누고자 한다. 시행착오도 많았지만 분명한 성과도 있었다. 하지만 끝이 아니다. 아이는 매일 자라고, 매일 달라진다. 그래서 그 정성스러운 삽질은 아직도 진행 중이다.

긍정적 독서 정서:
아이가 책과 친구가 되는 순간

아이의 독서 습관이 삶에 뿌리내리기 위해 가장 중요한 조건은 단 하나다. 스스로 선택하는 경험이 축적되어야 한다. 책을 스스로 고르고, 자기만의 속도로 읽으며, 재미를 느끼는 경험은 아이 안에 '읽고 싶은 마음'을 키운다. 이 감정이 쌓여야 독서는 삶의 일부가 된다. 이런 긍정적 독서 경험을 만들어가기 위해 부모는 책을 강요하는 대신 기회를 마련해줘야 한다. 정해진 책을 주는 것이 아니라 선택지를 넓히고 독서의 순간을 특별한 기억으로 남겨주는 것이다. 다음은 그런 '자발적 독서'를 이끌어낸 실제 사례들이다.

"엄마(아빠), 이 책이 좋아요."

아이가 고른 책이 선물이 된다. 생일, 어린이날, 크리스마스처럼 기념일마다 함께 서점을 찾는 시간은 아이에게 특별한 선물이다. 처음부터 '엄마(아빠)의 사랑을 느끼게 하겠다'라는 고귀한 의도로 책을 선물한 것은 아니었다. 유아기에는 단계별로 전집이 워낙 많았고, 아이는 엄마(아빠)가 읽어주는 책이라면 무엇이든 좋아했다. 매일 같은 책을 반복해서 읽기가 지겨운 건 아이가 아니라 나였다. 어느 순간, 책장을 그득그득 채우는 일에 몰두하고 있는 나를 발견했다. 그래서 제동을 걸기 위해 전집은 기념일에만 사기로 정했다. 지금은 전집 대신에 함께 서점에 가서 아이가 직접 고르는 책을 선물한다. 아이는 책장을 넘겨 보며 오래 고민하고, 고른 책을 들고 계산대로 향하는 모든 순간을 기억에 담는다. 어떤 책을 골랐는지는 중요하지 않다. 중요한 건, 엄마(아빠)와 함께한 시간, 그리고 스스로 고른 책을 손에 들었던 경험이다. 그 선택의 기억이 아이의 책 읽는 마음을 단단하게 만든다.

"엄마(아빠), 이제 10,000원 모았어요."

　아이는 스스로 책을 선택하는 순간을 위해 노력한다. 아이에게 책은 단순한 상품이 아니다. 자신의 노력으로 얻어낸 보상이며, 그 안에는 자발적 선택의 기쁨이 담겨 있다. 1~2학년 때는 칭찬받을 일이 많다. 받아쓰기, 단원 평가, 학원 테스트, 급수 시험까지 시험의 종류와 난도를 가리지 않고 100점을 받으면 1,000원, 문제집 1권을 끝내도 1,000원을 적립해줬다. 그렇게 모은 적립금이 13,000원이 되면 서점에 갔다.

　사고 싶은 책이 여러 권일 때는 미리 골라둔 책을 상품처럼 준비했다. 비닐도 벗기지 않은 책을 책장 한가운데 가장 잘 보이는 곳에 진열해뒀다. 아이는 매일 그것을 바라보며 기다렸다. 어느 날은 몰래 비닐을 뜯어 살짝 펼쳐서 읽은 뒤에 다시 곱게 감춰두기도 했다. 손이 아직 여물지 못한 탓에 아이의 흔적은 금세 티가 났지만 모른 척해줬다. 읽고 싶은 마음에 스스로 다가갔다면 그것만으로도 충분하다.

　때론 엄마(아빠)가 평소엔 허락하지 않던 책을 이 기회를 빌려 고르기도 한다. 바로 자발성의 시작이다. 읽고 싶은 책을 목표로 삼아 노력 끝에 손에 넣은 책은 아이에게 '내가 선택한 책'이라는 특별한 의미로 다가선다. 그렇게 모은 책이 1권씩 쌓여 어느새 스스로 만들어낸 전집이 된다. 주도권을 가진 독서, 그 시작은 아이 스스로 책을 '얻어낸 경험'에서 비롯된다.

"엄마(아빠), 우리 서점 갈래요?"

　위로가 필요한 순간, 책은 조용한 위로가 된다. 친구 문제로 속상한 날, 누가 먼저 말하지 않아도 아이가 스스로 말한다. 책을 사기 위해서도, 숙제를 하기 위해서도 아니다. 단지 조용한 공간에서 마음을 가라앉히고 싶은 것이다. 시간을 선택한 것도, 책을 들고 펼친 것도 아이 자신이었다. 그래서 그 기억은 더 오래, 더 따뜻하게 남는다. 예전에도 그런 날이 있었다. 아이가 하굣길에 함께 놀 친구가 없어 펑펑 울던 날, 나는 조심스레 "엄마랑 서점이라도 갈까?"라고 말했다. 아이의 반응은 기대 이상이었다.

　"나랑만 가는 거죠? 이거 언니한테는 비밀이죠?"

　서점은 책을 고르는 공간이기도 하지만, 아이에겐 그 자체만으로도 위로의 장소가 된다. 함께 거닐고 책장을 넘기며 침묵을 공유한 그 시간은 말보다 더 많은 의미를 안겨줬다. 책이든 장소든 위로의 선택권이 아이에게 있다는 사실은 무엇보다 큰 힘이 된다. 강요된 위로가 아닌, 스스로 선택한 쉼의 방식이 아이의 마음을 단단하게 만든다. 그렇게 책은 어느새 아이의 감정을 다독이는 조용한 친구가 되었다.

접근성 높이기:
아이가 책과 가까워지게 되는 8가지 방법

✦ 방법 ① 일정표에 자리 잡은 독서 시간

새 학기를 앞두면 부모는 분주하다. 가장 먼저 신경 쓰는 것은 학원 시간표다. 하교 후 놀이, 간식, 시험 준비, 숙제까지 빈틈없이 채워서 넣고 나면 하루 일정이 금세 포화 상태가 된다. 학원 셔틀버스를 이용할 수 있는지, 수업 전후로 식사 시간은 충분한지, 휴식은 가능한지도 고려해야 한다. 그렇게 신경을 곤두세운 하루의 마지막, 책 읽기는 늘 가장 나중으로 밀린다.

그렇기에 독서는 일정표에서 분명한 자리를 차지해야 한다. 다른 활동을 모두 마치고 시간이 남으면 하는 일이 아니라 하루 계획 속에 '처음부터 포함된' 활동이어야 한다. 아이가 자주 책을 읽지 않는 이유는 시간이 부족하기 때문만은 아니다. 간식을 먹으며 스마트폰을 보는 시간, 동생과 실랑이를 벌이는 시간, 친구와 메시지를 주고받는 시간을 모두 모으면 하루 20~30분은 쉽게 확보할 수 있다. 문제는 '시간이 없어서'가 아니라 '우선순위에서 밀리기 때문'이다. 하루에 1~2시간을 통째로 독서에 할애하면 좋겠지만, 꼭 그래야 할 필요는 없다. 자투리 시간을 쪼개서도 책은 충분히 읽을 수 있다. 예를 들어 아침에 등교 준비하기 전 10분,

저녁에 자기 전 15분, 식사 후 10분처럼 짧은 시간이라도 책을 펼칠 수 있는 여유를 정기적으로 확보하면 된다. 책은 과제가 아니라 쉬는 시간처럼 느껴져야 한다. 부담 없는 읽기, 쉽게 꺼내고 쉽게 덮을 수 있는 책이 아이의 일상에 들어와야 한다.

이를 위해 점검해야 할 것은 책과 아이의 물리적 거리다. 책이 너무 멀리 있거나 자주 눈에 띄지 않는 자리에 있다면 책 읽기 자체가 자연스럽지 않다. 읽고 싶어도 읽을 수 없는 환경인 셈이다. 책은 눈에 잘 띄는 곳이나 손이 닿기 쉬운 곳에 있어야 한다. 식탁 옆 작은 책꽂이, 소파 옆 탁자 위, 침대 머리맡, 가방 속에 가만히 놓아둔 얇은 책 1권이 아이의 행동을 바꾼다. 꾸준한 독서는 큰 결심이 아니라 작은 준비에서 시작되는 법이다. 오늘 하루, 아이의 일정을 다시 한번 들여다보자. 지금까지 '꽉 차 있다고 착각했던' 시간 사이에 책 1권이 들어갈 자리는 분명히 있다.

✦ 방법 ② 엄마(아빠)표 큐레이션의 힘

아이의 독서 습관을 자연스럽게 형성하려면 책은 특별한 일이 아닌 일상 속에서 마주치는 존재여야 한다. 아이가 머무는 공간 곳곳에 책을 나눠 배치하고, 각 공간과 책의 주제 사이에 자연스러운 연결고리를 만들어보자. 식탁에는 음식과 관련된 비문학책을, 침대 머리맡에는 마음을 달래는 동화를, 소파 근처에는 흥미로운 모험 이야기를 두는 식이다. 이러한 '엄마(아빠)표 큐레이션'

은 단순히 책을 꽂아두는 일이 아니다. 세심하게 관찰하여 알아낸 아이의 관심사와 감정 변화에 대한 반응이다.

아이의 심경 변화를 포착하려면 작은 표정과 말투, 일상의 변화에 민감해야 한다. 친구 관계, 교실에서의 갈등, 학교 행사, 교과 진도, 학원에서의 어려움 등 아이의 일상 속 이슈를 주제로 삼으면 아이의 마음을 움직이는 책을 선택할 확률이 높아진다.

하지만 아이가 자랄수록 부모가 모든 책을 미리 읽고 추천하기는 어려워진다. 이때 필요한 건 큐레이션의 질이 아닌 양으로 승부를 보는 전략, 즉 물량 공세다. 도서관에서 키워드로 검색해 관련 책들을 무작위로 빌려 오자. 10권 중 9권이 탈락해도 괜찮다. 책을 고르는 주체가 아이라는 사실이 더 중요하다. 식탁 위, 침대 옆, 거실 한구석 등 아이의 시선이 닿을 수 있는 곳곳에 책을 더미로 쌓아두자. 표지만 들춰 보고 다시 덮어도 괜찮다. 책이 삶의 일부로 느껴질 때 아이는 점점 책에 익숙해지고 언젠가는 그 책으로 들어가게 된다.

✦ 방법 ③ 외출 가방 속 책 1권

아이에게 독서가 생활이 되기 위해서는 반드시 '자리를 펴고', '조용한 공간에서' 읽어야 한다는 고정 관념에서 벗어나야 한다. 일상의 틈을 잘 활용하자. 어디서든 기다려야 하는 순간은 생기고, 그 시간을 독서로 전환하는 습관이 쌓이면 독서는 일상이 된다. 식당이나 병원처럼 기다림이 예상되는 외출에는 반드시 책을 챙겨 나간다. 식당은 입장 전에도 주문 후에도 기다림이 있고, 병원의 대기 시간은 대부분 1시간 이상이다. 나는 아이들이 어릴 때 항상 스티커북, 색칠북, 색연필을 준비했다. 스마트폰 노출을 최소화하기 위한 노력이었다. 그것조차 지루해하면 끝말잇기나 초성 퀴즈와 같은 말놀이로 시간을 버텼다. 이런 시간이 선행되어야 읽기 독립 이후에도 대기 시간을 독서 시간으로 전환하기 쉽다. 대중교통을 이용할 때도 책만큼 좋은 친구는 없다. 아이들과 나들이할 때 버스나 지하철을 택하는 이유는 이동 중에 확보되는 독서 시간 때문이다. 창밖 구경도 대화도 좋지만 긴 시간 집중할 수 있는 활동은 역시 독서다.

외출용 책은 선택이 중요하다. 그림책은 금방 읽고 끝나기 쉬우니, 도감이나 백과처럼 훑어보는 시간이 긴 정보 중심의 책이 적합하다. 아이가 문고판을 읽을 수 있게 되면서부터는 각자 자신의 책을 챙기게 되었고, 독서 시간이 한층 자연스러워졌다.

독서는 반드시 정자세로 앉아서 해야 한다는 생각을 버리자. 그러면 삶의 흐름 속 어디에든 책을 끼워 넣을 수 있다. 그렇게 축적된 독서 시간이 하루 10분, 20분이어도 절대 짧지 않다. 일상생활 곳곳에서 '책이 있는 시간'을 발견하는 것, 그것이야말로 진짜 독서 습관의 시작이다.

✦ 방법 ④ '읽고 싶은 마음'을 결정하는 책의 첫인상

표지, 제목, 본문 글자의 크기와 밀도, 그림의 분위기와 여백의 구성은 그 자체로 하나의 언어다. 아이는 이런 시각적 단서를 통해 '이 책, 재미있어 보인다'라는 직관을 갖게 된다. 읽기도 전에 이미 반은 결정된 셈이다. 특히 그림책에서 문고판으로 넘어가는 과도기에 있는 아이는 시각적 편안함을 책 선택에 가장 중요한 기준으로 삼는다. 단어는 쉬워야 하고, 그림은 예뻐야 하며, 여백은 충분해야 한다. 글자가 너무 작거나 빽빽하면 아이는 "어려워 보여요", "재미없을 것 같아요", "그림이 하나도 없잖아요"라고 말한다. 어른에게는 단순한 변명처럼 들리지만, 아이는 진심이다. '내가 이 책을 끝까지 읽을 수 있을지'를 나름의 방식으로 살펴보는 것이다. 책을 이해할 수 있는지 판단하기 전에 '시작하고 싶은 마음'이 우선 생겨야 한다. 내용이 아무리 좋고 주제가 아이의 관심사와 맞아도 '읽어보자'라는 마음이 들지 않으면 그 책은 의미가 없다. 그러니 읽기 능력 향상을 위해서는 시각적 진입 장벽부터 낮추는 전략이 필요하다.

우리 아이가 가장 싫어했던 책은 '그림책의 탈을 쓴 지식책'이었다. 겉보기엔 그림이 있는 책이었지만, 내용은 어려웠고 그림은 설명용이었다. "이건 공부시키려고 넣은 그림이잖아요"라며 단번에 나의 의도를 간파했다. 과학 전집을 거부하던 시기, 나는 과학 그림책으로 학습을 유도하고 있었다. 이후 나는 확신했다. 아무리 좋은 책도 아이의 선택이 아닌 이상 오래가지 않는다는 사실을 말이다. 아이의 독서를 지속시키는 유일한 길은 스스로 책을 골라본 경험이다. 부모는 아이의 선택 범위를 넓혀주고 그 안에서 스스로 고를 수 있도록 기다려주는 역할만 해도 충분하다.

✦ 방법 ⑤ 감정을 나누는 매개가 되는 책

아이가 책과 가까워지려면 무엇보다 중요한 것은 책이 감정을 나누는 매개가 되어야 한다는 점이다. 아이가 책을 다 읽고 나면 "다 읽었니?"라고 확인하는 대신, "어떤 장면이 제일 좋았어?", "그때 그 친구는 왜 그런 선택을 했을까?", "엄마(아빠)는 이 부분이 좀 슬펐어"와 같은 이야기를 건네보자. 감정과 생각을 나누는 대화는 책을 단순한 과제가 아닌 함께 공감한 이야기로 기억하게 해준다.

"엄마(아빠), 해님 달님 이야기 알지? 거기서 오빠가 달이고 동생이 해래."

"왜? 오빠는 어둡고 무서운 거 좋아해서?"

"응! 자기는 무섭다고 방문 닫고 자면서!"

"그럼 너는 해니까 아침에 맨날 엄마(아빠) 먼저 깨우는 거구나."

이처럼 전래 동화의 한 장면을 일상과 연결해 나누는 대화는 아이에게 친숙한 이야기로 공감과 웃음을 동시에 선사한다. 책에서 나온 장면을 가지고 주고받는 농담과 말장난은 '같이 웃었던 추억'으로 남아 책 속 이야기를 더 오래 기억하게 만든다. 어떤 책이었는지는 시간이 흐르면 잊힐 수 있다. 하지만 함께 읽으며 웃고 이야기했던 감정은 오래도록 아이의 마음속에 남는다. 그러므로 독서는 쉼이자 놀이, 감정의 통로가 되어야 한다. 책을 읽고 난 뒤에 "무엇을 배웠니?"보다는 "책 속의 엄마와 산다면 어떨 것 같아?", "엄마랑 책 속의 엄마가 닮은 점이 있어?", "웃긴 장면 있었어?"처럼 느낌과 경험을 중심에 둔 대화를 하자. 사람은 좋아하는 것을 공유할 때 가까워진다. 책이 부모와 아이의 대화를 여는 시작점이 되었다면 이번 독서는 대성공이다.

✦ 방법 ⑥ 독서는 학습이 아닌 휴식

도피성 독서도, 휴식의 독서도 다 괜찮다. 굳게 마음먹고 책상 앞에 앉아 있어도 집중이 되지 않는 날이 있다.

"엄마(아빠), 그냥 오늘 숙제는 저녁 먹고 할래요. 지금은 진짜 머리가 안 돌아가서요."

이럴 때 "그럼 좀 쉬다가 해볼까?" 하며 책 1권을 슬그머니 건네보자.

"다른 건 몰라도 이 책은 좀 웃기더라. 진짜 아무 생각 안 하고 싶을 때 읽기 딱 좋아."

게임이나 유튜브 대신 책을 '도피처'로 삼을 수 있다면 그것만으로도 성공이다. 독서는 아이에게 '쉬는 동안에도 할 수 있는 일'이자 '무너졌을 때 돌아올 수 있는 곳'이 되어야 한다. 숙제를 미루고 잠깐의 쉼이 필요한 아이에게 독서는 '허락된 휴식'이어야 한다.

가끔 부모도 쉬는 방법으로 책을 선택하는 장면을 연출해보자. 노트북 앞에서 작업하다 말고 침대에 드러눕는다. "아, 몰라. 머리 아파. 나 좀 쉴래"라고 하면서 책을 하나 들어 올린다. 그 모습을 본 아이가 슬쩍 다가와 이렇게 말할지도 모른다.

"엄마(아빠), 나도 머리가 안 돌아가. 책 좀 읽고 하면 안 돼?"

이때 "그래. 책 읽으면서 쉬어"라고 단번에 허락하지 말고 "안 돼. 할 거 다 하고 읽어야지"라고 해보자. 마치 게임을 하겠다는 아이와 협상하듯이 말이다. 이런 '밀당'으로 아이에게 책은 금지되었던 것이 아니라 '살짝 얻어낸 기쁨'이 되며, 그 순간 더 매력적인 존재로 각인된다.

✦ 방법 ⑦ 끊임없이 시도하는 책 낚시

독서를 시작하게 만드는 가장 좋은 방법은 읽고 싶은 마음이 들게 하는 것이다. 아이 옆에서 책을 슬쩍 펼치고 마치 혼잣말하듯 중얼거린다.

"오, 여기 봐봐. 맞춤형 아이가 진짜 태어나는 세상이래. 만약 그런 아이끼리 결혼하면 애도 맞춤형이려나? 아니면 새로 맞춰야 하나?"

굳이 줄거리를 설명하지 않아도 된다. 이야기 속 설정 하나만 던져도 궁금함은 자란다. 아이가 "진짜야?" 하고 반응을 보이면 "너는 숙제해야 하니까 내가 다 읽고 나중에 알려줄게"라며 책장을 덮는다. 그리고 자리를 뜬다. 그러면 그 책은 자연스럽게 아이 손에 들어간다. 여기서 핵심은 독서의 시작점을 부모가 만들되, 그다음 책장을 넘기는 주체는 아이가 되어야 한다. 애써 읽으라고 할 필요 없이 읽고 싶어지는 감정을 만드는 전략이다.

이미 아이가 읽고 있는 책이라면 또 다른 방식으로 낚을 수 있다. 아이에게 책이 재미있어 보이는 순간을 포착해서 의도적으로 중단시켜보자.

"자, 이제 휴식 끝! 숙제 시작!"

"그건 다음에 봐. 너무 몰입했잖아."

아이로서는 가장 재미있을 만할 때 흐름이 끊겼다. 결말을 알아야 직성이 풀리는 아이는 다음 기회에라도 반드시 그 책을 다시 펼치게 된다. 이런 식의 '끊어 읽기'는 일부러 만든 갈증이다. 드라마가 절정일 때 '다음 회에 계속…'이 나오는 구조와 같다. 가끔은 아이가 스스로 책을 붙잡고 외친다.

"엄마(아빠)! 이거 다음 장만 보고 숙제할게요. 진짜 마지막으로요!"

이런 말이 나왔다면 부모의 낚시는 이미 성공이다. 처음엔 유도된 시작이었더라도 책장을 넘기는 힘은 아이에게 있다. 그 힘이 계속되면 책은 일상이 되고 독서는 습관이 된다. 책을 읽는 이유가 '숙제 안 하고 싶어서'였든 '호기심 때문'이었든 중요하지 않다. 읽고 있는 지금, 이 순간이 중요하다.

✦ 방법 ⑧ 책으로 가는 길의 방해물 제거

책을 싫어하는 줄 알았던 아이도 실은 알고 보면 책으로 가는 길이 막혀 있었던 것일 수 있다. 그 길을 가로막는 가장 강력한 방해물은 단연 디지털 기기다. 스마트폰, 태블릿, 게임기, 유튜브 영상은 자극이 강하며 보상은 즉각적이다. 반면에 책은 느리고 조용하며 몰입하기까지 시간이 걸린다. 나도 유튜브를 열었다 하면 금세 1~2시간을 보내곤 한다. '하나만 보고 꺼야지' 하면서도 계속 스크롤을 내리고, 내가 한심하다고 생각하면서도 멈추질 못한다. 책을 즐겨 읽는다고 자부하는 어른도 이런데, 하물며 아이는 오죽할까. 아이에게 스스로 통제하기를 기대하기보다는 환경을 통제하는 것이 현실적인 접근이다.

기기 사용을 제한하는 가장 효과적인 방법은 물리적으로 멀리하는 것이다. 눈에 보이지 않으면 찾지 않는다. 가정마다 가능 범위는 다르겠지만 원칙을 세워 그에 맞는 규칙을 정해보자. 예를 들어 정해놓은 사용 시간 외에는 디지털 기기 보관함에 모두 넣어두기, 독서 후 30분간만 사용하기, 부모가 먼저 사용을 자제하며 모범을 보이기 등이다.

또 다른 방해물은 과도한 일정과 피로 누적이다. 학원 수업, 과제, 예습, 복습… 아이의 하루는 숨 쉴 틈 없이 빼곡하다. 책을 읽고 싶어도 몸과 마음이 지쳐 있으면 당연히 손이 가지 않는다. 이럴 땐 일정을 과감하게 수정해야 한다. 단 하루라도, 일주일에 1번이라도 '가족 독서 시간'을 확보해보자. 가족이 한자리에 모여 각자의 책을 읽는 시간이다. 이것만으로도 아이는 책으로 다시 돌아올 수 있다.

이렇게 책을 읽고 나누는 대화, 감정을 공유하며 웃는 순간, 자투리 시간을 활용한 짧은 독서… 이 모든 경험이 쌓여 아이의 내면에 '나는 책을 좋아한다'라는 감정이 자리 잡는다. 완독이나 요약보다 중요한 건 바로 책을 좋아해서 읽는 마음이다. 부모는 아이와 책을 가깝게 만들 수는 있지만, 아이가 책을 좋아하게 만들 수는 없다. 결국, 책을 좋아하는 사람으로 자라나는 건 아이의 몫이다. 그러니 오늘, 아이 가까이에 책을 두는 방법 하나를 실천해보자. 이 작은 변화가 아이의 삶 전체를 바꾸는 시작이 될 수도 있다.

02 대치동 한복판에서 배운 것들

대치동 아이들이 특별한 이유는 따로 있다

요즘 '4세 고시', '7세 고시' 등의 말이 부모들 사이에서, 또 매스컴에서 자주 회자된다. 대치동은 어느새 사교육 과열의 상징이 되어 '아이가 아이답지 못하게 공부만 하는 동네', '부모가 아이를 밀어붙이는 경쟁 지대'로 묘사되곤 한다. 하지만 나는 지금 대치동에서 국어를 가르치는 강사로서 그런 시선 속에 가려진 다른 진실을 함께 이야기하고 싶다.

솔직히 공부를 잘하고 싶은 마음은 누구에게나 있다. 아이든 부모든, 어디에 살고 있든 '공부를 잘하고 싶다', '우리 아이가 자기 능력을 잘 펼쳤으면 좋겠다'라는 마음은 같다. 대치동 부모와 다른 지역의 부모가 바라는 바는 크게 다르지 않다. 다만, 대치동은 그 바람을 더 구체적으로 실천하는 문화가 형성되어 있고, 그 안에서 아이들은 더 자주 시도하고 더 많이 실패하면서 공부라는 도구를 조금씩 자신의 것으로 만들어간다. 그 차이를 단순히 '욕심'이나 '과열'이라고 말하는 것은 그동안 아이와 부모가 들인 시간과 정성을 너무 쉽게 축소하는 일일지도 모른다.

대치동 밖에서 보면 대치동에는 뭔가 특별한 아이들이 모여 있을 것만 같다. 하지만 내가 만난 대치동 아이들은 하나같이 모두 '보통'의 아이들이었다. 지루해하고 실수하고 짜증 내고 때로는 울기도 하는 평범한 아이들 말이다. 하나 다른 점이 있다면 공부를 대하는 자세와 반복의 강도였다. 한 지문을 2번, 3번씩 읽는 일을 당연하게 여겼고, 시간이 오래 걸려도 모르는 걸 물어보는 데 주저하지 않았으며, 자기 실수를 점검하는 데 익숙했다. 그리고 그 옆에는 언제나 조율하고 기다려주며 작은 성장을 함께 기뻐하는 부모가 있었다. 이렇게 '대치동의 특별함'은 아이 자체가 아니라 아이와 부모가 함께 만든 공부의 일상에 있다.

언론에서는 노력은 가려진 채 결과만이 소비된다. 밖에서 바라본 대치동은 '결과의 동네'처럼 보인다. 좋은 대학, 높은 점수, 스펙 등 눈에 보이는 성과에 관해서만 이야기하기 때문이다. 하지만 그 뒤엔 무수한 반복과 실수, 포기하고 싶은 마음을 이겨내는 시간이 있다. 그 과정은 뉴스에 나오지 않고 SNS에 업로드되지 않는다. 그래서 어떤 사람들은 "사교육으로 밀어붙인 거잖아", "그렇게까지 해야 해?"라고 말한다. 하지만 그 말 안엔 종종 노력에 대한 불편함이 깃들어 있다. 누군가의 열정적인 노력을 보면서 우리는 자기 불안이나 비교 감정을 느껴 그것을 줄이기 위해 상대의 노력을 '과하다'라고 치부하기도 한다. 나 역시 그 마음을 십분 이해한다. 하지만 동시에 그 노력에 담긴 태도와 시간의 가치를 있는 그대로 바라봐주는 시선도 필요하다고 생각한다.

결국에 중요한 건 공부를 대하는 태도다. 대치동이 특별하다면 그것은 정보나 자원의 양과 질이 아니라 공부를 실천하는 방식이 축적된 문화 때문이다. 아이의 실력은 단순히 수업을 많이 들었다고 해서 자라나지 않는다. 실력은 반복을 통해서 만들어진다. 그것은 어느 지역, 어떤 환경에 있든 누구나 실천 가능한 방식이다. 부모가 아이에게 줄 수 있는 가장 큰 선물은 '얼마나 공부했는가'가 아니라 그 공부를 '어떻게 받아들이고, 어떤 태도로 지속했는가'를 함께 고민해주는 것이다.

지금 이 책을 읽고 있다면 아마도 독서를 통해 아이의 학습력을 키우고 싶은 분일 것이다. 모든 공부의 시작은 결국 책을 읽고 생각을 쌓아 말로 표현하는 것에서 출발한다. 책을 통해 생각하는 힘을 키우는 과정은 수학 문제 하나를 푸는 것보다 훨씬 오래 걸리지만, 그만큼 오래 남아 깊은 힘을 만들어준다. 힘을 키우는 데 필요한 것은 결국 아이와 책 사이를 연결해주는 부모의 기다림과 존중, 그리고 과정을 바라보는 따뜻한 시선이다. 그 시선이 있다면 대치동이든 어디든 아이의 배움은 충분히 잘 자라날 수 있다.

결국 '잘하는 아이'를 만드는 대치동 부모의 6가지 태도

많은 이들이 "대치동이라서 잘하는 것 아니야?"라고 말한다. 하지만 대치동의 학습이 특별한 이유는 입지보다도 '기준'과 '태도', 그리고 '섬세한 실행'에 있다. 학습량을 무작정 늘리는 것이 아니라 '어떻게 하면 지속 가능하게 실력을 쌓을 수 있을까'를 치밀하게 고민하여 그 실행을 도와주는 것이 핵심이다. 결국, 아이를 '잘하게' 만드는 대치동 부모는 다음과 같이 공통된 태도를 보인다.

✦ 태도 ① 시간이 걸려도 실력은 쌓인다는 사실을 믿는다

대치동 부모는 단기적인 성과에 집착하지 않는다. 성적이 일시적으로 오르거나 떨어졌다고 쉽게 흔들리지 않는다. 시험의 난도, 평균, 문제의 특성을 분석하면서 흐름을 본다. 아이의 실력이 탄탄하면 점수는 결국 따라온다는 사실을 알기에 당장의 성적보다 그 밑바탕을 더 중요하게 여긴다. 아이가 쪽지 시험 하나에 울고 웃는 이유는 완벽주의 때문이기도 하지만, 부모의 반응이 예민해서일 수도 있다. 부모의 표정 변화 하나하나에 아이는 일희일비한다. 아이가 흔들리지 않게 돕기 위해서는 부모부터 확신하고 긴 호흡으로 성장의 방향을 잡아야 한다.

학업 성과는 하루아침에 완성되지 않는다. 양이 채워지면 결국 그릇은 넘친다. 이 단순한 사실을 인정하는 순간, 마음이 훨씬 평온해진다. 빠르게 채우려는 욕심 대신, 꾸준히 채워가는 안정감에 집중하자.

입시 크리에이터 미미미누는 5수를 하면서도 자존감이 무너지지 않았다. 그는 대부분의 사람이 좌절했을 그 시간을 오히려 자신의 핵심 자산으로 만들었다. "'넌 언제 되어도 될 아이'라는 부모님의 말씀이 나를 버티게 했다"라는 그의 말은 믿음이 부모가 아이에게 줄 수 있는 가장 큰 선물이라는 사실을 증명한다. 오늘보다 내일 더 잘할 수 있다는 확신, 그것이 아이를 지탱하는 힘이며 꾸준히 나아갈 수 있도록 해주는 원동력인 셈이다.

✦ 태도 ② 아이의 상태를 정확하게 파악한다

결국 '잘하는 아이'의 부모는 성적만으로 아이의 학습 상태를 판단하지 않는다. 단지 점수가 낮았다는 사실보다는 왜 그런 결과가 나왔는지를 더 중요하게 여긴다. 실수인지, 개념 부족인지,

체력 문제인지, 아니면 단순한 집중력 저하인지 등 원인을 정확히 짚어내려 한다. 그 과정에서 아이의 성향, 정서, 수업 태도 등을 포함한 전반적인 학습 컨디션을 관찰한다. 부모는 민감한 탐색자가 되어야 한다.

이들은 아이의 수준에 맞는 수업을 찾는 데도 신중하다. 성적이 기대보다 낮을 경우, 오히려 한 단계 아래로 반을 조정할 수 있을지를 먼저 문의한다. 입학 성적이 실력보다 과대평가된 것은 아닌지, 현재 수업의 난도가 아이의 수준보다 높은 것은 아닌지를 고민한다. 성적 향상이 목적이라기보다는 아이가 부담 없이 흡수할 수 있는 수준에서 꾸준히 학습해나갈 환경을 만든다. 같은 수업을 반복해 들으면서 개념의 구멍을 메우고 자신감을 회복하도록 기다려주기도 한다. 반면에 입학 상담부터 월반을 고집하거나 당장 성과를 기대하는 경우는 지속하는 힘이 부족하다. 과제만 해도 벅찬 아이에게 추가 문제집을 강요하고, 아이의 속도를 무시한 채 부모의 속도로 끌고 가려 한다. 이런 경우 대부분 몇 개월을 채우지 못하고 지쳐 나가떨어지는 쪽은 부모다. 중요한 건 지속 가능한 학습 계획이며, 그 기준은 부모의 욕심이 아니라 아이의 욕심이어야 한다.

아이의 현재 상태를 정확하고 면밀하게 점검하려면 여러 학원의 레벨 테스트와 상담을 활용하는 것도 하나의 방법이다. 꼭 등록하지 않아도 괜찮다. 여러 기관을 경험하면 아이의 강·약점을 정확히 짚어주는 상담자를 만날 수 있다. 노련한 상담 실장은 간단한 테스트 결과만으로도 아이의 학습 스타일과 과거 이력까지 파악하기도 하니 말이다. 이때 중요한 건 조언을 구하는 부모의 자세다. '당신네 학원 얼마나 잘하나 보자'라는 태도는 상담의 질을 떨어뜨릴 여지가 크다.

강사와의 상담도 마찬가지다. 피드백은 늘 조심스럽다. 부모가 아이의 상태를 받아들일 준비가 되어 있지 않으면 솔직한 조언은 늘 갈등을 만든다. "집에서는 안 그래요", "다른 학원에서는 그런 말을 들은 적이 없어요"라는 반응은 상담을 가로막는 벽이다. 아이는 부모가 모르는 모습도 갖고 있기 마련이다. 집에서는 얌전해도 학원에서는 산만할 수 있고, 과제를 성실히 한다고 하지만 친구 과제를 베낄 때도 있다. 부모가 열린 태도로 다가올 때 강사도 더 정확하고 깊이 있는 피드백을 제공할 수 있다.

결국, 아이의 상태를 정확히 파악하려면 부모가 아이를 관찰하는 눈과 귀, 그리고 열린 마음을 가져야 한다. 겉으로 드러나는 결과만 보지 말고, 그 결과를 만들어낸 맥락과 원인, 감정과 습관을 들여다보자. 아이의 실력을 끌어올리는 첫걸음은 지금의 위치를 정확히 이해하는 데서 출발한다.

✦ 태도 ③ 보완점을 먼저 묻고 실행을 적극적으로 돕는다

아이를 혼내는 대신에 "어디를 보완하면 좋을까?", "어떻게 도와줄까?"라고 묻는 것에서 시작하자. 이 질문은 함께 해결책을 찾는 출발점이 된다. 아이 스스로 자신의 부족한 부분을 점검하게 하고, 부모는 그 보완을 위한 '도구'와 '환경'을 제공한다. 개념이 부족하다면 함께 관련 영상을 찾아보고, 실수가 반복된다면 오답을 다시 풀게 하고, 공부 습관이 흐트러졌다면 일정을 조정한다. 핵심은 '문제 지적'이 아니라 '실행을 위한 계획 수정'이다.

학원에 다닌다고 성적이 저절로 오르지 않는다. 수업은 방향을 제시할 뿐 실력은 숙제와 복습을 통해 아이 스스로 체득해야 한다. 그럼에도 불구하고 "학원에 보냈는데 왜 성적이 안 오르죠?"라고 묻는 부모가 있다면 이미 학습의 주도권을 학원에 넘겨버린 것이다. 반면에 잘하는 아이의 부모는 질문부터 다르다. "어떤 영역이 부족한가요?", "과제를 어떻게 완성하면 좋을까요?", "클리닉에서 어떤 부분을 더 도와주실 수 있나요?"처럼 구체적으로 묻고 가정에서 실천할 수 있는 행동을 고민한다.

이처럼 학습의 중심이 가정에 있는 경우에만 사교육이 전략적으로 아이의 약점을 보완하는 수단이 될 수 있다. 불안해서 사교육에 의지하는 것이 아니라 필요한 부분만 쏙쏙 뽑아 쓰는 '체리피커'가 되는 것이다. 부모가 어떤 지원을 해야 할지 적극적으로 묻고, 그것을 집에서 실행하며 아이의 학습을 구체적으로 점검하는 과정이 쌓일수록 아이는 자기 학습을 운영하는 힘을 얻게 된다. 진짜 실력은 그때부터 자란다.

✦ 태도 ④ 아이가 스스로 스케줄 관리를 하도록 이끈다

'꾸준함'은 하루에 얼마나 공부하느냐보다 매일의 리듬 안에서 학습을 어떻게 유지하느냐에 달려 있다. 이를 위해 아이는 자신의 시간을 계획하고 분배하며 실행하는 힘을 키워야 한다. 처음에는 부모가 계획표를 만들어주되, 점차 아이가 직접 학습량과 일정을 관리하도록 유도해야 한다. 이 과정에서 목표 설정, 시간 계산, 자기 점검 같은 습관이 쌓이면 아이는 점차 학습의 주도권을 갖게 된다.

잘하는 아이들은 과제를 해내는 속도와 태도에서 차이를 보인다. 이들은 '지금 미뤄도 어차피 해야 한다'라는 사실을 잘 안다. 그래서 학원에 일찍 도착한 5분, 쉬는 시간 5분, 수업이 조금 일찍 끝난 5분 같은 자투리 시간조차 허투루 쓰지 않는다. 그 짧은 틈을 활용해 과제를 조금이라도 끝내놓으려는 노력이 습관처럼 몸에 배어 있다. 여기서 주목할 점은 이 아이들에게 '조금'은 시간이 아니라 분량이라는 사실이다. 5분이면 어떤 과제를 끝낼 수 있고, 10분이면 어디까지 마무리하고 채점을 받을 수 있는지를 스스로 판단한다. 이렇게 하려면 당연히 자신의 학습 속도에 대한 경험이 누적되어야 한다. 시간을 분 단위로 나눠서 기록하고, 그 안에서 얼마만큼의 양을 해낼 수 있는지를 꾸준히 점검해야 알 수 있다.

아이가 독서나 학습 계획을 세울 때 '얼마만큼 읽겠다', '몇 문제를 풀겠다'라는 구체적인 분량 목표를 스스로 정하게 하자. 이어서 그 시간만큼은 반드시 집중할 것을 약속하는 훈련이 필요하다. 이런 연습이 쌓이고 쌓이면 아이는 독서 60분, 과제 20분, 다 끝내고 유튜브 15분처럼 자신의 일정을 스스로 설계하고 조절할 수 있게 된다. 이것은 단순한 시간 관리가 아니다. 아이가 자기 시간을 책임지고 관리하는 '학습 자율성'을 얻는 과정이다. 아이가 막연한 '많이'가 아니라 '어디부터 어디까지'를 계획하고 실천할 수 있는 사람으로 자라나는 중요한 훈련이다. 부모는 이 훈련이 자연스럽게 이어지도록 돕는 코치가 되어야 한다.

✦ 태도 ⑤ 사교육을 전략적으로 활용한다

사실 사교육은 만능도 아니고 해답도 아니다. 단지, 학습을 위한 도구다. 따라서 아이의 수준과 상태에 맞춰 필요한 때에 필요한 수업을 전략적으로 활용해야 한다. 대치동 사교육의 강점은 콘텐츠 그 자체보다도 그것을 어떻게 소화하느냐에 집중하는 '부모의 실행력'에 있다. 수업 등록으로 끝이 아니라 아이가 수업에서 배운 내용을 얼마나 복습하고 적용하며 자기 것으로 만들 수 있도록 관리하느냐가 성패를 가른다. 사교육을 그저 기관에 맡기는 것이 아니라 가정에서 함께 활용하고 소화하는 것이라는 관점의 전환이 필요하다.

사교육은 분명 효과가 있다. 일정한 시간에 꾸준히 학습하도록 도와주고, 효율적인 커리큘럼을 제공하며, 아이의 객관적인 수준을 파악하는 데 도움이 된다. 하지만 사교육은 시간과 돈이 모두 직결되는 문제이므로 최소한의 투자로 최대한의 효과를 얻는 전략이 요구된다. 이때 전략의 핵심은 사교육의 개수를 줄이고 밀도를 높이는 것이다. 수업 하나를 듣더라도 교재를 철저히 파고들고, 과제를 완성도 있게 수행하며, 예습과 복습까지 함께 한다면 같은 수업이 전혀 다른 효과를 낼 수 있다. 3시간 수업을 듣는다면 최소 3시간 이상 스스로 공부하는 시간이 따로 있어야 한다.

또 남들이 좋다고 하는 학원이 아니라 우리 아이에게 맞는 학원을 찾는 일도 중요하다. 레벨 테스트, 상담, 집에서의 학습 태도를 종합적으로 고려해 아이의 상태를 냉정하게 파악하자. 그러고 나서 그에 맞춰 필요한 부분을 보완해줄 학원을 선택해야 한다. 초등은 가능성이 활짝 열려 있는 시기이므로 무분별한 비판보다는 개선 방향을 제시해주는 강사와 함께하는 것이 바람직하다.

대치동 밖의 많은 부모가 대치동을 떠올렸을 때 가장 궁금해하는 건 '얼마를 써야 하는가'다. 하지만 사교육비에도 정답은 없다. 각자의 교육관과 경제 여건에 따라 달라지며, 역시 중요한 것은 얼마를 쓰느냐가 아니라 그 비용과 시간을 어떻게 쓰느냐다. 그러니 절대로 남과 비교하며 불안해하지 말자. 실력 향상을 위해 꾸준히, 밀도 있게 채워가는 것이 훨씬 더 중요하다. 우리 아이에게 필요한 만큼, 부모가 감당할 수 있는 범위 내에서 현명하고 유연하게 사교육을 활용하는 것이 진짜 대치동식 학습 전략이다.

✦ 태도 ⑥ 꾸준함을 유연하게 지속한다

잘하는 아이를 만드는 가장 확실한 방법은 무엇이든 꾸준히 하는 것이다. 그러나 꾸준함은 말처럼 쉽지 않다. 누구나 방학 계획을 세워본 적은 있지만 지켜낸 경험은 드물다. 매번 작심삼일로 끝나며 '꾸준히 해야 한다'라는 말이 오히려 부담으로 다가온다. 하지만 꾸준함의 진짜 의미를 이해한다면 이야기는 달라진다.

최근에 접한 '가짜 꾸준함과 진짜 꾸준함'에 대한 설명은 이 부담을 말끔히 덜어줬다. 가짜 꾸준함은 매일 똑같은 분량과 형태를 고집하는 것이다. 예를 들어 '매일 책 1권 읽기'를 목표로 삼았다고 하자. 이때 가짜 꾸준함은 하루라도 빠지면 실패했다고 느끼고 좌절하게 된다. 하지만 인생은 변수투성이다. 때로는 컨디션이 나쁠 수도 있고, 갑자기 예기치 않은 일정이 생길 수도 있다. 이 모든 상황을 무시한 채 계획만 고수하려 들면 결국 금세 지치고 포기하기 마련이다.

진짜 꾸준함이란 완벽하게 매일 같은 양을 해내는 것이 아니라 멈추지 않고 흐름을 이어가는 것이다. 어떤 날은 챕터 하나, 어떤 날은 1쪽만 읽더라도 계속해서 책을 마주하고 있다면 성공이다. '오늘은 손으로 책을 만지기만 해도 독서다'라는 마음으로 아이를 바라보면 부모는 아이에게 조금 더 너그러워질 수 있다. 꾸준함은 완벽함이 아니라 지속성에 있다.

==결국, 부모의 현명한 태도와 아이의 적극적인 실행이 아이의 진짜 실력을 만든다.== '대치동이라서 아이들이 잘하는 것'은 딱 절반만이 진실이다. 대치동 아이들이 높은 학업 성취를 이루는 진짜 이유는 학습에 대한 기준이 높고 실행이 섬세하며 주도권이 아이에게 있어서다. 단기간의 성과보다는 꾸준한 성장, 양보다는 질, 통제보다는 주도. 이런 태도로 학습을 바라보는 부모 아래에서 아이는 자연스럽게 '잘하는 아이'로 성장한다. 학습은 성적이라는 결과가 아니라 삶의 태도라는 과정으로 자리 잡아야 한다. 아이의 실력을 바꾸고 싶다면 먼저 학습을 바라보는 부모의 시선부터 바꿔야 한다. 이제, 책을 덮고 책과 함께 아이와 그 길로 나아가보자.

초등 상위 1%는 이렇게 책을 읽습니다

초판 1쇄 발행 2025년 12월 5일
초판 4쇄 발행 2026년 1월 10일

지은이	최지아
펴낸이	권미경
외주편집	최유진
마케팅	심지훈, 강소연, 김재이
디자인	어나더페이퍼

펴낸곳	㈜웨일북
출판등록	2015년 10월 12일 제2015-000316호
주소	서울시 마포구 양화로1길 29, 2층
전화	02-322-7187
팩스	02-337-8187
메일	sea@whalebook.co.kr
인스타그램	instagram.com/whalebooks

ⓒ 최지아, 2025
ISBN 979-11-94627-17-3 (03590)

소중한 원고를 보내주세요.
좋은 저자에게서 좋은 책이 나온다는 믿음으로, 항상 진심을 다해 구하겠습니다.